KB160945

說・文・解・字

部首形義考察

내일을여는지식 어문 19

說・文・解・字

部首形義考察

서영근 지음

KSi 한국학술정보㈜

책을 펴내면서

世宗大王이 한글을 창제하기 이전에 우리는 漢字를 써왔다. 한글이 창제된 이후에도 우리의 言語文字생활은 漢字를 떠날 수 없었다. 우리말 생활용어의 70% 이상, 학술용어의 90% 이상이 漢字語이므로 漢字를 모르면 생활하는 데 불편이 적지 않다. '漢字는 어렵다.'는 심리적 중압감 때문에 한자를 포기하는 사람이 많고 또 일부 단체에서는 '한글전용'을 부르짖고 있는 현실이다.

漢字의 구성원리를 알고 모든 漢字의 대표인 部首를 정확히 이해한다면 漢字는 결코 어려운 것이 아니며, 좀 더 노력한다면 漢字를 정복하는 것은 시간문제일 것이다.

部首歸納法은 後漢의 許愼이 처음 연구해 낸 방법이다.

許愼이 지은 『說文解字』는 中國언어문자학상 최초의 字典이며 不朽의 걸작이다. 기원 100년에 완성되었으니 지금으로부터 약 1900년 전의 책이다.

許愼은 『說文解字』에서 540개의 部首를 세우고, 9,353字의 形音義에 대하여 解說하였다. 그는 '部首法'이라는 원칙에 따라 모든 한자를 그룹별로 분류하였는데 그야말로 획기적인 방법이었다. 540개의 部首만 제대로 익힌다면 모든 漢字에 대한 이해와 습득이 쉬워진다.

許愼이 『說文解字』를 쓸 당시에는 근거자료가 되어야 할 甲骨文이 아직 出土되지 않았다. 그러므로 적지 않은 오류가 존재하고 있다. 그러나 『說文解字』는 지난 1900여 년 동안 漢字를 해독하는 근거자료가 되어 왔기에 우리가 현재 本義를 잘못 알고 있는 漢字가 적지 않다.

연구에 의하면 50% 이상의 漢字의 本義가 왜곡되었다. 筆者는 540部首의 字源에 대한 探究를 통하여 漢字를 정확히 理解하는 데 도움을 주고자 한다.

본고에는 『說文解字』의 540부수의 원문을 싣고 한국어로 해석한 다음, 許愼의 時代에는 보지 못했던 甲骨文과 金文과의 비교를 통하여 『說文解字』의 540部首의 字源에 대하여 다시 한 번 분석해 보았다.

　　본고에는 총 540개의 小篆, 422개의 甲骨文과 159개의 金文을 수록하였다. 뿐만 아니라 說文部首 540字와 그 屬字 978字 총 1,518字의 楷書를 수록하고 音과 訓을 달았다. 또한 540개의 部首에 대해서는 중국어 拼音과 反切을 달아 읽고 기억하는 데 쉽게 하였다.

　　本書는 漢字의 理解뿐만 아니라 漢文書藝를 배우는 데 있어서도 중요한 자료가 될 것이니, 中國語와 漢字를 배우는 사람 그리고 서예를 배우는 사람들에게 적극 추천한다.

　　本 著書는 본인이 학위논문을 쓰기 위하여 『說文解字』를 연구하면서 1년 동안 연구, 정리한 내용으로 지난 2002년 6월에 완성된 것인데 학위논문에서는 지면의 제한으로 간추려서 빠뜨린 것이 적지 않았다. 아까운 자료들이 많아서 다시 한 번 학위논문과 결부하여 서서보 출간하게 되었다.

　　이 기회를 빌려 대학원과정 지도교수 안재철 교수님께 진심으로 감사를 드리는 바이다. 아울러 부족한 부분이 많지만 說文學 연구에 조금이라도 보탬이 되고자 펴내는 책이니 여러 학자님들께서 넓은 마음으로 봐주시기 바란다.

凡 例

1. 『說文解字』를 說文이라고 약칭한다. 혹은 許說이라 한다.

2. 原文과 小篆은 徐鉉의 교정본(大徐本)을 따른다.

3. 原文에서 '○, 古文○'은 생략한다.

4. 甲骨文은 『甲骨文字典』과 『說文部首形義通釋』을 참고하였다.

5. 甲骨文은 第1期 문자를 중심으로 하되 여러 期의 문자가 있을 시에는 小篆
   에 가장 가까운 것을 택하였다.

6. 金文은 『甲金篆隸大字典』과 『金文集聯』을 참고하였다.

7. '凡○之屬皆從○'은 일일이 해석하지 않는다.

8. '闕'이라 함은 '讀音이 전하지 않음을 말함'으로 일일이 해석하지 않는다.

9. 部首 앞의 숫자는 540部首 중의 순서이다.

10. 部首의 병음은 현대중국어음을 표기한 것이다.

11. 원문 중의 한자 가운데 今字가 없고 異體字가 있는 경우에는 異體字를 사용
    하였다.

12. '說明' 표식은 저자의 해설부분이다.

13. 屬字를 수록함에 있어서 평균 네 字로 하되, 玉篇에는 없거나 컴퓨터에
    없는 글자는 싣지 않음을 원칙으로 하였다.

차 례

緒

論

I

1. 研究目的

中國에서 現在 使用하고 있는 漢字의 字數는 5萬餘 字가 되며 그중 通用漢字
는 6千 字 좌우[1]인데, 5천 字 이상 記憶하는 사람이 드물 것이다. 記憶 못 하는
漢字는 100% 字典에 依據한다. 그만큼 字典이 重要한 것이다.

『說文解字』는 中國 最初의 字書이다. 우리가 現在 『新華字典』이나 『玉篇』 등
을 使用하듯이 『康熙字典』이 나오기 以前에는 모두 『說文解字』에 根據하여 漢
字를 解釋하였다. 『說文解字』가 없었다면 2000여 년 전에 通用되었던 小篆의
形・音・義를 알 方法이 없을 것이다.

『說文解字』에서는 처음으로 漢字를 部首로 分類하는 方法을 使用하였는데 當
時 通用되었던 小篆 9,353字를 540部首로 歸納하여 解說하였다. 이 方法은 後世
의 『康熙字典』, 『新華字典』 등 각종 字典과 辭典의 編纂에 큰 影響을 미쳤으며,
檢字를 하는 데 必須的인 手段이 되었다.

이처럼 『說文解字』는 中國 言語文字學上 重要한 位置를 차지하고 있으며 中國
에서뿐만 아니라 日本, 韓國과 臺灣 등의 漢字文化圈 地域에서도 많은 研究가
이루어지고 있다.

특히 淸末에는 『說文』學의 研究가 성행하여 許學이라고도 일컬어지는 段玉裁

---

1) 黃伯榮, 廖序東 主編, 『現代漢語』, 中國 高等敎育出版社, 1993. p.211.

의 『說文解字注』, 王筠의 『說文解字句讀』, 朱駿聲의 『說文解字通訓定聲』 등 著書들이 出現하였다. 現代에는 陸宗達의 『說文解字通論』, 江擧謙의 『說文解字綜合研究』, 臧克和의 『說文解字的文化說解』, 余行達의 『說文段注研究』, 董蓮池의 『說文部首形義通釋』, 趙平安의 『說文小篆研究』, 康殷의 『說文部首銓釋』, 王峙淵의 『說文研究』, 何大定의 『說文解字部首刪正』 등 단행본들이 있고, 小論文으로는 梁東淑의 「說文解字 部首의 流變」, 劉秀生의 「說文讀若字研究」, 張標의 「說文部首與字源」, 高明의 「許愼之六書說」, 江擧謙의 「說文古文研究」 등이 있으며, 學位論文으로는 1981년 金槿의 서울대학교 석사학위논문 「說文解字 部首의 字次와 그 意義」, 民國 76년(1987년) 李徹의 國立臺灣師範大學 석사학위논문 「說文部首研究」, 徐永根의 碩士論文(2002년) 「『說文』部首字의 誤謬 研究」 등 現在까지는 몇 부 정도에 不過한 것으로 알고 있다.

以上의 研究들을 살펴보면 『說文解字』에 대한 註釋, '六書論', 部首의 배열 원칙 등에 중점을 두고 연구되어 있다. 아쉬운 점은 『說文』 部首字에 대한 研究가 미흡하다는 것이다.

따라서 筆者는 이런 점에 착안하여 甲骨文을 根據로, 『說文解字』 部首의 字形, 字義에 대한 解說을 집중적으로 研究하여 『說文』에 보이는 誤謬를 교정하고자 하며, 나아가 漢字의 本義를 살펴봄으로써 漢字의 의미를 正確히 인지하고 使用하며 漢字 敎育에 대한 좀 더 正確한 基礎를 提供하고자 하는 데 그 研究目的을 둔다.

2. 研究範圍와 方法

上述한 研究目的에 따라 본고에서는 『說文解字』의 540部首를 일일이 甲骨文과의 比較를 통해 고찰하여 그 誤謬를 찾아내고 原因을 밝히려 한다.

또 文字研究의 일반적인 방법에 形・音・義 등이 있는데 본 論文에서는 形・義 두 부분으로 나누어 살펴보는 方法을 취하고자 한다. 이런 研究方法에 따라 본고의 展開는 다음과 같이 이루어진다.

제1장에서는 研究目的과 研究範圍 그리고 研究方法에 대헤 언급하고, 제2장에서는 『說文解字』 誤謬의 原因을 밝히고, 제3장에서는 『說文解字』의 540部首를 甲骨文 및 기존 연구결과를 토대로 일일이 분석하여 字形과 字義 측면에서 解說이 正確하지 않은 部首字를 찾아 分析하며, 제4장에서는 앞장의 연구결과를 종합하여 結論을 도출하려 한다.

『說文解字』 誤謬의 原因

II

『說文解字』는 後漢의 許愼이 지은, 中國 言語 文字學上 不朽의 名著이며 字形을 分析하고 字義를 解說하고 聲音을 가려놓은 최초의 字典[2]이다. A.D. 100년 경에 完成되었으니 지금으로부터 약 1900여 년 전의 책이다. 이 책은 후세의 文字學, 聲韻學, 訓詁學 등 方面에 아주 큰 影響을 끼쳤다.

許愼이 『說文解字』를 쓰게 된 時代的 背景은 다음과 같다. 『倉頡篇』과 小篆의 作者인 秦의 李斯의 提案으로 이른바 '焚書坑儒'가 실시되어 民間에서 所藏하고 있던 古典資料들을 모두 태워버렸고 民間人들은 『詩經』, 『尙書』 등에 관해 서로 議論하지도 못하게 하였다. 秦이 滅亡하고 漢이 建國되어 動亂도 가라앉을 무렵, 조정은 秦나라에 의한 書籍 통제를 撤廢하여 文獻을 널리 民間에서 구하였다. 하지만 많은 經書들이 버려져 口傳되어 오던 經書 내용들을 當時 通用되던 隷書로 옮긴 이른바 '今文'經書가 出現하게 되었다. 古文經書가 크게 부각된 것은 漢 成帝의 時代였다. 成帝는 陳農이라는 사람에게 명하여 民間에 감추어져 있는 書籍들을 찾아 모으게 하였다. 동시에 劉向 등에게 宮中의 所藏書籍을 調査하게 하였다. 그리하여 古文學이 성행하게 되었으며, 점차 '今文派'와 '古文派' 들의 對立이 생기게 되었다.

古文의 創始者는 劉向의 아들 劉歆이었다. 그러나 劉歆의 古文經書는 王莽에게 利用되었다. 王莽의 新은 불과 15년의 短命으로 끝나고, 劉秀(光武帝)가 漢왕실을 부흥시켰는데, 이후가 後漢이다.

---

2) 陸宗達 著, 金槿 譯, 『說文解字通論』, 啓明大學校出版部, 1994. p.14.

古文經을 신봉한 王莽 일파를 타도한 後漢은, 다시 今文經의 學派를 채용하지 않을 수 없었다. 하지만 今文의 學問은 前漢 말기에 王莽에 의하여 勢力이 크게 弱化되어 있었다. 한편 古文은 政權奪取의 도구로 사용되었다고는 하나, 王莽과는 별개의 學問으로서 獨自的인 路線을 걸어가 이미 착실하게 체계를 이룩한 상태였다. 古文學派는 王莽 政權의 滅亡이라는 정계의 變動에 左右되지 않고 實證的인 研究成果를 탄탄하게 누적해 왔으며, 드디어 許愼에 의하여 古文經書 解讀에 중요한 根據가 되는 『說文解字』가 탄생하게 된 것이다.

그러나 許愼이 『說文解字』를 쓸 當時에는 小篆의 形·音·義 解說을 위한 根據資料가 되어야 할 甲骨文이 아직 出土되지 않았었다. 즉 甲骨文을 보지 못한 許愼은 當時에 전해지던 小篆의 形·音·義와 자신의 主觀的인 見解와 知識으로 『說文解字』를 썼을 것이 分明하다.

甲骨文이 처음으로 發見된 것은 1899년의 일이다. 王懿榮이라는 學者가 학질을 앓고 있어 達仁堂이라는 漢藥房으로 사람을 보내 龍骨이 든 藥을 지어오게 하였다. 王懿榮은 그 藥을 한 포씩 살펴보던 중 우연히 龍骨에 未知의 文字 같은 것이 새겨져 있음을 보고 깜짝 놀랐다. 그리하여 그는 친구 劉鶚과 함께 그것을 鑑定한 결과 마침내 그것이 當時까지 알려지지 않은 中國의 古代 文字임을 確認하였다. 이것이 바로 甲骨文이다. 龜甲이나 큰 짐승의 肩甲骨 등에 새겨 놓은 文字이므로 龜甲獸骨文字라고 하는데 약하여 甲骨文 혹은 甲文이라 한다.

甲骨文은 B.C. 13세기로부터 商나라가 滅亡하기까지 273년간 使用되었던 文字[3]로서 中國文字學에서는 중요한 根據로 되고 있다. 지금으로부터 약 3300년 以前의 文字이지만 이미 상당히 발달된 언어 표기체계를 갖추고 있었다. 하지만 『說文解字』의 成立으로부터 計算한다 해도 이미 1400년 전의 古代文字인 까닭에 過去에는 절대시 되었던 『說文解字』의 解釋 가운데 漢字의 初形·本義를 正確히 把握하지 못한 것이 多數 있다는 사실이 드러나게 되었다. 하지만 甲骨文이 出土되기 전까지는 그 누구를 막론하고 『說文解字』의 解說을 正確하다고 믿어 의심치 않았으며, 지금 우리가 사용하고 있는 漢字의 뜻은 대부분 『說文解字』를 따른 것이다.

筆者가 研究한 바에 의하면 『說文解字』의 540部首字 가운데서 '甲骨文에서도

---

3) 李圃, 『甲骨文文字學』, 中國 學林출판사, 1997. p.3.

보이는 部首'는 모두 371字이며, 그중 무려 51.3%에 달하는 部首에 대한 字義 혹은 字形解說이 正確하지 않았다. 한 部首의 屬字들은 모두 그 部首의 의미를 그대로 이어받으므로, 이는 곧 우리가 現在 本義를 잘못 알고 있는 漢字가 過半數를 차지한다는 事實을 말해 준다.

그렇다면 許愼이 『說文解字』에서 誤謬를 범하게 된 原因은 어디에 있을까? 그 原因을 다음과 같은 세 가지로 綜合하려 한다.

첫째, 제일 큰 原因은 許愼이 甲骨文을 보지 못하였기에 字形을 잘못 보고 解說한 경우가 있을 것이고, 또 本義는 모른 채 引伸義 혹은 假借義에 맞게 字形을 分析한 데 있다.

예를 들면 다음과 같은 경우이다.

卷六上의 '東'部의 甲骨文 자형은 ✦이고, 金文은 ✦으로, 마치 꾸러미 속에 물건이 들어 있어 양쪽을 끈으로 묶은 形態와 같다. 許愼은 그 本義를 모르고 假借義인 '동녘 東'으로 解說하였다.

『說文』에서는 "從日在木中(해'日'가 나무'木'에 걸린 것을 따른다.)"라고 자형 분석을 하고 있는데 이는 甲骨文을 보지 못하고 小篆의 字形(✦)에만 依據하여 解釋한 誤謬이다.

卷六下의 '出'部의 解說에서 "象艸木益滋上出達(초목이 점점 자라 위로 나온 모양을 본뜬 것)"이라고 하였으나 甲骨文의 자형은 ✦으로, 동굴을 뜻하는 '凵'과 발을 뜻하는 '之'의 會意字이며, 사람이 살던 동굴에서 나옴을 뜻한다. 그러나 許愼은 '之'를 草木으로 잘못 보고 解說하였던 것이다.

卷七上의 '多'部의 甲骨文의 자형은 ✦이며, ✦은 '肉'의 甲骨文이므로 '고기가 쌓여 많다'는 뜻이 되었다. 『說文』에서는 "重夕爲多, 重日爲疊(夕이 중첩되면 多가 되고, 日일 중첩되면 疊이 된다.)"고 그럴듯하게 해석하고 있지만 억지주장에 不過하다. 許愼은 '肉'을 '夕'으로 誤認하고 이와 같은 誤謬를 범하였는데 이는 모두 甲骨文을 보지 못한 原因일 것이다.[4]

둘째, 『說文解字』에는 許愼의 '封建政治를 옹호하는 思想'이 엿보이며, 時代的인 限界가 드러난다.

---

4) 徐中舒 編, 『甲骨文字典』, 中國, 四川辭書出版社, 1998, p.752.

예를 들면 다음과 같은 부분에서 確認할 수 있다.

卷一上의 部首 '王'字에 대한 解說에서 許愼은 王에게 아부하기 위하여 字形과 字義를 완전히 歪曲하였다. 甲骨文의 '王'字는 𠬝 혹은 𠬝과 같은 形態로 一種의 도끼모양의 兵器로서 원시적인 文字였을 뿐 許愼의 '天下所歸往(천하가 모두 王에게 귀속된다.)'는 解說처럼 심오한 理致는 없었다. '王'字는 바로 古代社會에서 지배계층들이 奴婢들을 다스리기 위하여 사용한 武器를 象形한 것이다. 許愼은 그 本義를 理解하지 못하고 자신의 解說을 合理化하기 위하여 오히려 董仲舒와 孔子의 말을 引用하여 奴隸主를 天地人의 道를 관철한 聖人으로 만들었다.[5] 그러나 董仲舒와 孔子 역시 甲骨文이 아닌 변화된 후의 '王'字를 解釋한 것이므로 正確하지 않다.

卷一上의 部首 '士'字에 대한 解說에서 '始於一, 終於十. 從一, 從十(一에서 시작되어 十에서 끝남이다. 一을 따르고 十을 따른다.)'고 하였으나, '士'의 甲骨文은 𠬝로서 '王'字와 마찬가지로 도끼모양의 兵器를 그린 것이다. 『說文』에서 '始於一, 終於十'라 함은 '王'字를 '天下所歸往(천하가 모두 그에게 귀속된다.)'고 解釋한 것과 마찬가지로 權力에 아부하기 위한 解說에 지나지 않는다. 또한 사람이 땅 위에 우뚝 선 立자와 그 자형이 같아 王과는 아무런 관련이 없음을 알 수 있다.

『說文解字』의 時代的인 限界는 '對', '劉' 등 屬字에서도 나타나지만 本文에서는 部首字를 研究範圍로 하고 있기에 여기서는 省略한다.

셋째, 『說文解字』에는 初期의 字形과 本義를 떠난 채 周易사상에 의하여 解釋한 부분이 相當하다. '始一終亥'라는 說과 540이라는 部首의 숫자뿐만 아니라 始終一貫하게 陰陽五行說의 원리로 解說하고 있나. 陰陽五行說이란 세계를 構成하고 있는 木·火·土·金·水 5종의 요소가 推移하고 循環함을 가지고 宇宙萬物의 다양한 현상을 판단하고 豫測하고자 하는 哲學이다.[6] 許愼은 經學家이었기에 文字의 形·音·義를 解說함에 있어서 실제를 떠나 哲學적인 이치로 說明하여 本義를 제대로 解釋하지 못하였다. 예를 들어 다음과 같은 부분에서 그 誤謬를 찾아볼 수 있다.

---

5) 陸宗達 著, 金槿 譯, 『說文解字通論』, 啓明大學校出版部, 1994. p.344.
6) 阿辻哲次 著, 沈慶昊 譯 『漢字學 「說文解字」의 세계』, 以會文化社, 1996, p.19.

卷十四下의 '七'部에서는 "陽之正也(陽의 바른 것이다.), 微陰從中衺出也(微陰 중에서 비껴 나오는 것이다.)"라고 숫자도 陰陽五行說의 原理로 解說하고 있으니 황당하다. 甲骨文의 字形은 十로, 세로획으로 가로획을 '절단하다'라는 의미를 會意하고 있다. 許愼의 解說을 보고는 經學家가 아닌 이상 그가 무엇을 말하고 있는 것인지 理解하기 어려울 것이다.

卷十四下의 '戊'部에서 甲骨文의 字形은 ㅕ로, 단순히 도끼모양의 兵器인데, 許愼은 '中宮也. 象六甲五龍相拘絞也. 戊承丁, 象人脅(中央이다. 마치 六甲 중의 五龍이 서로 잡고 꼬여 있는 形象을 그린 것이다. 戊는 丁 다음에 이어지며, 사람의 옆구리를 그린 것이다)'와 같이 모든 解說을 陰陽五行說에 依據하고 있으며 本義가 무엇인지에 대해서는 언급하지도 않았다.

본고의 제3장에서는 甲骨文과 金文 등 허신이 보지 못한 앞 세대의 文字와의 比較를 통하여 『說文解字』의 誤謬들을 하나하나 파헤치고자 한다.

『說文解字』

540部首字 形義分析

001

一

一(yī) (於悉切 – 어실절) (한 일)

惟初太極, 道立於一, 造分天地, 化成萬物. 凡一之屬皆從一.

태초에는 태극뿐이었으니, 道는 一에서부터 세워지고, 천지가 분리되며, 만물이 化成된다.

說明 一의 甲骨文 자형은 ━으로, 甲骨文에서 一, 二, 三, ☰는 다만 가로 획을 쌓아서 이루어진 數자일 뿐 許愼의 해설처럼 심오한 뜻은 없다.[7] 字形은 甲骨文과 같다. 指事이다. 說文解字에 수록된 小篆을 살펴보면 一로 地를 삼은 것처럼 많은 것이 없다. 그 대표적인 예로 立자이다. 一을 天으로 삼은 것은 雨, 不 두 자이다. 그러나 許愼은 一部에 귀속시키지 않고 따로 독립된 部首를 세웠다.

屬字 元(으뜸 원), 天(하늘 천), 丕(클 비), 吏(벼슬아치 리)

---

7) 董蓮池, 『說文部首形義通釋』(中國, 東北師範大學出版社), p.2.

002

上(shàng) (時掌切 - 시장절) (위 상)

高也. 此古文上. 指事也. 凡上之屬皆從上.

高이다. 고문에서는 上이다. 指事이다.

說明　甲骨文 자형은 二로, 한 물체 위에 다른 한 물체가 있음을 뜻하는 指事字이다. 『段注』에서는 二와 上을 바꿔 쓰고 있다. 大徐本에서는 𠄞을 篆文의 字形이라고 하였다.

屬字　帝(임금 제), 旁(두루 방), 下(아래 하)

003

示(shì) (神至切 - 신지절) (보일 시)

天垂象, 見吉凶, 所以示人也. 從二; 三垂, 日, 月, 星也. 觀乎天文, 以察時變. 示, 神事也. 凡示之屬皆從示.

하늘에 드리워진 형태로서 吉凶을 볼 수 있어 사람에게 보여주는 것이다. 二를 따르며 日, 月, 星 세 가지가 드리워진 것이다. 천문을 관측해 계절의 변화를 관찰할 수 있다. 示는 神事이다.

說明　甲骨文의 字形은 呈로, 神主의 형상이다. 그러므로 說文의 日月星이 드리운 것이라는 뜻과는 다르며,[8] 字形도 다르다. 金文의 字形은 丌으로, 획이 점차 변화되어 小篆과 같이 되었다. '示'는 神主를 그린 것이기에 示를 따르는 글자들의 本義는 모두 조상들에 대한 숭배 혹은 신, 제사, 吉凶禍福 등과 관련된다.[9]

屬字　禮(예도 례), 祥(상서로울 상), 神(귀신 신), 祭(제사 제)

---

8) 董蓮池, 『說文部首形義通釋』(중국, 東北師範大學出版社), pp.5~6.
9) 上揭書, p.6.

004
三

三(sān) (穌甘切 – 소감절) (석 삼)

天地人之道也. 從三數. 凡三之屬皆從三.

천지인의 道를 뜻하는 것이다. 숫자 三에서 왔다.

說明 甲骨文의 자형은 小篆과 같으며, 세 개의 가로획을 쌓은 것으로서 숫자 3을 뜻하는 것으로, 天地人의 도리도 만들어진 것이 아니었다. 전국, 진한시대 사람들이 철학관념을 부여하여 천지인의 이치가 이루어진 것이다.[10] 本部에는 屬字가 없다.

005
王

王(wáng) (雨方切 – 우방절) (임금 왕)

天下所歸往也. 董仲舒曰: 古之造文者, 三畫而連其中, 謂之王; 三者, 天, 地, 人也, 而參通之者, 王也. 孔子曰: 一貫三爲王. 凡王之屬皆從王.

천하가 모두 그에게 귀속된다. 董仲舒가 이르기를 "옛날에 문자를 만든 이는 삼 획을 긋고 가운데를 연결한 것이 王이라 했다. 삼자는 天地人이고 이 세 가지를 관통한 자가 王이다."라고 하였다. 공자도 "하나로 셋을 꿰뚫은 것이 王"이라 했다.

說明 甲骨文에서는 위와 같이 해석할 수 없다. 갑골문의 王자는 Δ으로 일종의 도끼모양의 兵器로서, 군사민주제 시기의 최고 군사추장은 王의 전신이었으며 斧鉞은 점차 王權의 상징으로 되었다.[11] 갑골문은 立자와 같은 Δ모양을 취하고도 있다.

屬字 閏(윤달 윤), 皇(임금 황)

---

10) 上揭書, p.7.
11) 上揭書, p.8.

006

玉(yù) (魚欲切 - 어욕절) (옥 옥)

石之美. 有五德：潤澤以溫, 仁之方也；鰓理自外, 可以知中, 義之方也；其聲舒揚, 專以遠聞, 智之方也；不橈而折, 勇之方也；銳廉而不技, 絜之方也. 象三玉之連. ㅣ, 其貫也. 凡玉之屬皆從玉.

돌 중의 아름다운 것이다. 五德이 있는데, 광택이 있어 그로써 따스함은 仁의 방도이며, 결이 있어 바깥으로부터 안을 알 수 있는 것은 義에의 방도이며, 그 소리가 앙양되어 그로써 멀리 들리는 것은 智서의 방도이다. 굽어지지 않고 부러지는 것은 勇의 방도이다. 날카로운 각이 있으면서 뒤틀리지 않는 것은 絜의 방도이다. 세 개의 옥이 연결됨에서 형상을 취한다. ㅣ은 그것을 꿰뚫음이다.

說明 甲骨文은 丰으로, 王자와 다른 형태였으나 小篆에서는 구별하기 어렵다. 설명을 길게 하였으나 옥에 대한 칭찬뿐이다.

屬字 璧(둥근 옥 벽), 瑞(상서 서), 珍(보배 진), 珠(구슬 주)

007

珏(jué) (古岳切 - 고악절) (쌍옥 각)

二玉相合爲一珏. 凡珏之屬皆從珏.

두 개의 玉이 합쳐져 하나의 珏이 되었다.

說明 甲骨文의 字形은 丰丰으로, 두 개의 玉을 병렬한 것이다. 馬氏『疏證』에서는 珏을 玉의 異文이라고 보고 있다. 또 "許愼은 班과 王車王 두 字에 근거하여 珏部를 두었는데, 지금은 班字는 刀部에 들어가고 王車王 字는 마땅히 車部에 들어감이 증명되므로 珏字 역시 玉部에 넣을 수 있어 珏部는 없애 버릴 수 있다."고 하였다. 許愼은 部首를 세움에 스스로 그 일정한 원칙을 갖고 있다. 班과 王車王 字는 의미상 玉의 뜻이 강해 刀와 車는 단지 會意字의 보조 부분에 지나지 않으

므로 刀와 車부에 넣음은 합당하지 않다.

屬字 班(나눌 반)

008

气(qi) (去旣切 – 거기절) (기운 기)

雲气也. 象形. 凡气之屬皆從气.

구름이 피어오르는 것을 뜻하는 것이다. 상형이다.

說明 甲骨文은 三로, 雲氣의 형태가 아니다. 강물이 고갈된 모습을 그린 것으로, 二는 강의 양쪽 언덕의 형상이고 가운데 一은 강물이 말라버린 모습이다.[12] 小篆의 字形과 다르다. 春秋戰國時代에 이르러, 숫자 三과 구별하기 위하여 위의 一의 왼쪽 끝을 끌어올리고 아래 一의 오른쪽 끝을 끌어내려 小篆과 같은 모습으로 변화시켰다. '雲氣'라는 뜻은 후에 나온 假借義이다.[13]

009

士(shì) (鉏里切 – 서리절) (선비 사)

事也. 數, 始於一, 終於十. 從一, 從十. 孔子曰: "推十合一爲士" 凡 士之屬皆從士.

事이다. 숫자를 나타내는데 一에서 시작되어 十에서 끝남이다. 一을 따르고 十을 따른다. 공자가 말하기를 十에 一을 합하면 士가 된다고 하였다.

說明 士의 甲骨文은 으로서 王자와 마찬가지로 도끼모양으로 되어 있다. 小篆의 字形과는 유사하다. '事也'는 聲訓인 동시에 義訓이다. 王筠은

---

12) 徐中舒, 『甲骨文字典』(중국, 四川辭書出版社), p.38.
13) 董蓮池, 『說文部首形義通釋』(中國, 東北師範大學出版社), p.10.

『說文句讀』에서 이르기를 "『論語』에서는 비록 남을 가르치는 士로 썼으나, 『鹽鐵論』에서는 士字를 事字로 사용하였다."고 하였으니 古書에서는 士와 事가 通用되었다. 또한 사람이 서 있는 모양인 立字와 유사하다.

属字 壻(사위 서), 壯(씩씩할 장), 墫(춤 너풀거려 출 준)

010

丨

丨(gǔn) (古本切 – 고본절) (뚫을 곤)

上下通也. 引而上行, 讀若囟; 引而下行, 讀若退. 凡丨之屬皆從丨.
아래와 위를 통하게 한다. 위로 끌어올릴 때는 囟(신)으로 읽고 밑으로 끌어내릴 때는 退(퇴)로 읽는다.

說明 甲骨文에서 丨이 단독으로 쓰인 경우는 찾아볼 수 없다. 다만 属字인 中의 甲骨文 𣄤을 고찰해 보면 旗幟를 상형한 것인데 丨을 따르지 않는다. 馬叙倫은 『說文解字六書疏證』에서 王廷鼎의 말을 인용하여 '丨爲今棍棒字'라고 하였다.[14]

属字 中(가운데 중)

---

14) 上揭書, p.12.

011

屮(chè) (丑列切 – 축열절) (싹날 철)

艸木初生也. 象丨出形, 有枝莖也. 古文或以爲艸字. 讀若徹. 凡屮之
屬皆從屮. 尹彤說.

초목의 떡잎이 땅 위로 올라가는 모습이다. 丨이 나오는 형상이며 줄기
와 가지가 있다. 고문은 艸로 쓰기도 하였다. 徹과 같이 읽는다. 尹彤
說이다.

說明 甲骨文의 자형은 ↧으로, 역시 초목이 初生하는 형상이며, 小篆의 자
형과 같다. 또한 艸와 같은 字이다. 本部에 수록된 屬字 가운데서 毒,
芬 등 세 字만 屮의 의미를 따를 뿐, 屯, 每, 熏 등은 屮의 의미를
따르지 않는다.[15]

屬字 屯(진칠 둔), 每(매양 매), 毒(독 독), 熏(연기 낄 훈)

012

艸(cǎo) (倉老切 – 창노절) (풀 초)

百芔也. 從二屮. 凡艸之屬皆從.

풀이 많다는 뜻이다. 두 개의 屮을 따른다.

說明 甲骨文은 ᛃ으로, 小篆과 같다. 또한 屮과 구별이 없다. 草木이라는
草의 本字이며 '草'는 艸의 假借字이다.[16]

屬字 莊(풀 성할 장), 苦(쓸 고), 菜(나물 채), 草(풀 초)

---

15) 董蓮池, 『說文部首形義通釋』(중국, 東北師範大學出版社), p.14.
16) 上揭書, p.15.

013

蓐(rù) (而蜀切 – 이촉절) (요 욕)

陳艸復生也. 從艸, 辱聲. 一曰蔟也. 凡蓐之屬皆從蓐.

풀들이 모여 번성해 있는 것이다. 艸를 따르며 辱聲이다. 蔟이라고도
일컬었다.

說明 甲骨文 자형은 🔳으로 小篆과 자형이 유사하다. 許愼은 從艸, 蓐聲이
라고 하였으나(形聲字), 甲骨文에서는 從艸, 從辰, 從又이며, 손으로
농기구인 辰을 잡고 풀을 제거하는 형상으로, 耨(김맬 누)와 農(농사
농)의 初文이다.[17] 즉 會意字이다. 許說의 '陳艸復生也'는 따를 바가
못 된다.

屬字 薅(김맬 호)

014

茻(mǎng) (模朗切 – 모랑절) (잡풀 우거질 망)

衆艸也. 從四屮. 凡之屬皆從茻. 讀與岡同.

잡풀이 우거진 모양으로 네 개의 屮을 따른다. 岡과 같게 읽는다.

說明 甲骨文에서 단독으로 쓰인 경우는 찾아볼 수 없으나 부수로 쓰인 경
우는 있다. 屬字 莫은 🔳으로서 日이 茻 속에 떨어진다는 데 그 뜻이
있으므로 暮의 初文이다.[18] 莽은 개가 토끼를 잡기 위하여 풀 속에
있다는 뜻이고, 葬은 시체를 풀 속에 매장한다는 뜻을 會意한 글자이
다.

屬字 莫(없을 막), 莽(우거질 망), 葬(장사 지낼 장)

---

17) 徐中舒, 『甲骨文字典』(중국, 四川辭書出版社), p.60.
18) 董蓮池, 『說文部首形義通釋』(中國, 東北師範大學出版社), pp.15～16.

015

小(xiǎo) (私兆切 - 사조절) (작을 소)

物之微也. 從八, ㅣ. 見而分之. 凡小之屬皆從小.

사물이 미세하다는 뜻이다. 八과 ㅣ을 따르며 양쪽으로 나눈 것처럼 보인다.

說明 甲骨文은 ⺌로 되었는데 작은 점들로 작다는 것을 표시하는 會意字이며 八이나 ㅣ을 따르는 것이 아니다. 후에 세 점으로 된 것은 小로, 네 점으로 된 것은 少로 분화되었는데 小는 작다는 뜻을, 少는 적다는 뜻을 지니게 되었다.[19] 㣺은 少의 異體이다.[20]

屬字 少(적을 소), 㣺(적을 절)

016

八(bā) (博拔切 - 박발절) (여덟 팔)

別也. 象分別相背之形. 凡八之屬皆從八.

나누다는 뜻이다. 서로 맞대어 있는 형태이다.

說明 甲骨文은 ノ乀로, 나눈다는 뜻을 나타내고 있는데 小篆과 形儀가 같으며 '分'의 初文이다. 卜辭에서 숫자 八로 차용되었다. 그리하여 刀部를 추가하여 '分'을 만들어 '나누다'라는 本義를 나타내게 하였다.[21]

屬字 分(나눌 분), 曾(일찍 증), 尚(오히려 상), 必(반드시 필)

---

19) 李徹, 「說文部首硏究」(國立臺灣師範大學 석사학위논문, 民國 76年), pp.11~12.
20) 董蓮池, 『說文部首形義通釋』(中國, 東北師範大學出版社), p.17.
21) 上揭書, p.18.

017

采(biàn) (蒲莧切 - 포현절) (분별할 변)

辨別也. 象獸指爪分別也. 凡采之屬皆從采. 讀若辨.

변별의 뜻이다. 동물의 발톱이 구별되는 형상을 본뜬 것이다. 辨처럼 읽는다.

說明 甲骨文에는 보이지 않고 金文에는 ⍋로 되어 있다. 說文에서는 指事라고 했지만 王筠은 『說文釋例』에서 짐승의 발을 그린 象形자라 했다. 小篆의 字形은 金文과 같다. 采과 番은 一字이며 辨의 本字이다. 采과 番은 上古韻이 같으며, 采과 辨은 同音字이다.

屬字 番(갈마들 번), 宷(살필 심), 悉(다 실), 釋(풀 석)

018

半(bàn) (博幔切 - 박만절) (반 반)

物中分也. 從八; 從牛, 牛爲物大, 可以分也. 凡半之屬皆從半.

사물을 반으로 나눈다는 뜻이다. 八과 牛를 따른다. 소는 크기 때문에 가히 반으로 나눌 수 있다.

說明 甲骨文에는 보이지 않고 춘추시대 秦公簋銘[22])에는 半으로 되어 있으며 小篆과 字形이 같다. 물건의 가운데를 나누면 각각 반씩 얻게 되므로 '절반' 또는 '둘로 나누다'의 뜻을 나타내게 되었을 것이다.[23)]

屬字 胖(희생 반 쪽 반), 叛(배반할 반)

---

22) 董蓮池, 『說文部首形義通釋』(중국, 東北師範大學出版社), p.19.
23) 上揭書, p.19.

019

半

牛(niú) (語求切 – 어구절) (소 우)

大牲也. 牛, 件也. 件, 事理也. 象角頭三封尾之形. 凡牛之屬皆從牛.
큰 소이다. 牛뿔은 件이며, 件은 事며 理이다. 세 개의 뿌리와 꼬리를
나타낸 형상이다.

說明 甲骨文의 자형은 半으로, 小篆과 같으며 소의 뿌리와 머리를 상형한
것이다. '事理也'라고 해석하였는데, 이것은 漢人이 자주 쓰던 聲訓방
식[24]이다. 이는 語音으로 語義의 근원을 찾으려는 방식이다. 牛·
事·理字는 上古韻이 같은 '之'部이며 語音이 비슷하다.

屬字 牡(수컷 모), 牟(소 우는소리 모), 牢(우리 뢰), 物(만물 물)

020

犛

犛(máo) (莫交切 – 막교절) (검정소 리)

西南夷長髦牛也. 從牛, 𠩺聲. 凡犛之屬皆從犛.
서남쪽 오랑캐들의 큰 소들을 말한다. 牛를 따르며 𠩺聲이다.

說明 甲骨文과 金文에서 모두 보이지 않는다. '犛'字가 형성자 구조임을 감
안하면, 본래 부수로 삼음은 부당하다. 그러나 屬字(예: 氂字)는 모두
'犛'字에서 뜻을 받았으므로 牛部에 넣을 수가 없어 따로 部首를 세
웠을 것이다.

屬字 氂(꼬리털 리)

---

24) 聲訓: 訓詁방식의 하나. 어떤 한자의 字義를 그것과 同音 또는 雙聲疊韻 따위의 近似音의 文字로
해석하는 방법.

021

告(gào) (古奧切 – 고오절) (알릴 고)

牛觸人, 角箸橫木, 所以告人也. 從口, 從牛. 『易』曰: "僮牛之告". 凡
告之屬皆從告.

소가 사람을 떠받지 못하게, 소의 뿔에 나무를 가로 대었으므로, 사람에
게 알린다는 뜻이 되었다. 口와 牛에서 왔다. 周易에 이르기를 '僮牛之
告'라고 했다.

說明 甲骨文의 字形은 ᵇᵉ로 小篆과 같다. 甲骨文에서는 告, 舌과 言의 자형
이 비슷하며 같은 의미를 나타낸다. 일설에는 "소(牛)는 비록 말(口)
은 못하나 뿔로 입을 대신하여 의사를 전한다. 그러므로 告는 알린
다는 뜻이다."라고도 해석하고 있다.

屬字 嚳(고할 곡)

022

口(kǒu) (苦后切 – 고후절) (입 구)

人所以言食也. 象形. 凡口之屬皆從口.

사람이 이것으로 말을 하고 먹는다. 상형이다.

說明 甲骨文은 ᵇ으로, 사람의 입을 본뜬 것이며 小篆과 자형이 같다. 口
를 따르는 屬字 중, 吻, 咳 등과 같은 글자들은 口의 本義를 따르고,
啓와 같은 일부 글자들은 引申義를 따르며, 右, 否, 周와 같은 글자들
은 口의 뜻과는 아무런 연관이 없이 일종의 區別의 작용을 하며, 심지
어 局과 같은 글자들은 聲部로서의 일부분에 지나지 않는다.[25]

屬字 吾(나 오), 君(임금 군), 和(화할 화) 右(오른쪽 우)

---

25) 董蓮池,『說文部首形義通釋』(中國, 東北師範大學出版社), pp.22~23.

023

凵(kǎn) (口犯切 – 구범절) (입 벌릴 감)

張口也. 象形. 凡凵之屬皆從凵.
입을 벌린 것이다. 상형이다.

說明 甲骨文과 金文에 모두 보이지 않는다. 屬字가 없다. 許說에서는 '張口
也'라고 訓을 달았는데, 口를 생략한 것인지 아니면 어떤 형상을 취
한 것인지 알 방법이 없다.

024

吅(xuān) (況袁切 – 황원절) (놀라 부르짖을 환)

驚嘑也. 從二口. 凡吅之屬皆從吅. 讀若讙.
놀라 부르짖는 것이다. 두 개의 口를 따른다. 讙과 같이 읽는다.

說明 甲骨文은 吅으로, 小篆과 같다. 屬字 單의 初文은 𤰃으로, 吅과는 아
무런 관련이 없다.

屬字 嚴(엄할 엄), 咢(놀랄 악), 單(홑 단), 喌(닭 부르는 소리 주)

025

哭(kū) (苦屋切 – 고옥절) (울 곡)

哀聲也. 從吅, 獄省聲. 凡哭之屬皆從哭.
애절하게 울부짖는 소리이다. 吅을 따르며, 獄자를 생략한 聲이다.

說明 甲金文에 모두 보이지 않는다. 王筠은 『說文句讀』에서 이르기를 "犬字
로부터 어찌 獄이 省體된 것임을 알겠는가? 무릇 이런 類의 모든 字
는 字形이 失傳되었는데, 許慎은 그것의 해석에 강하다."라고 하였다.

屬字 喪(죽을 상)

026

走(zǒu) (子茍切 - 자구절) (달릴 주)

趨也. 從夭止, 夭止者, 屈也. 凡走之屬皆從走.

'걷다'이다. 夭와 止를 따르며, 夭와 止는 구부려진 형태를 나타낸 것이다.

說明 甲骨文에서는 **大**로 사람이 두 팔을 흔들며 뛰어가는 모습[26]이다. '夭'字의 初文으로 象形이다. '夭'字는 굽힘이다. 大字가 사람의 형태를 본뜬 것이므로 '夭'字 역시 사람을 이른다. 대개 몸을 굽힌 사람을 말함이다. 사람이 질주할 때 반드시 약간 그 몸을 굽혀 앞을 향하여 자세를 취하지 결코 허리를 곧바로 하지 않는다. 小篆에는 止를 첨가하여 會意字로 만들었다.

屬字 赴(나아갈 부), 超(넘을 초), 越(넘을 월), 趕(달릴 간)

027

止(zhǐ) (諸市切 - 제시절) (발 지)

下基也. 象艸木出有址, 故以止爲足. 凡止之屬皆從止.

'아래 바탕이 되다'이다. 초목이 아래에서 나오는 것을 본떴다. 그러므로 止를 足이라 했을 것이다.

說明 甲骨文은 **Ψ**으로, 사람의 발을 간략하게 그린 것이다. 許愼은 초목의 형상이라고 하였는데 이는 잘못된 해설이다. 止部의 14개 屬字 중 草木과 관계되는 것은 하나도 없다. 당연히 止의 本義인 발과 관련된다. 『說文』에는 '趾'字가 없는데 '止'字가 바로 '趾'字이다. 즉 '止'는 '趾'字의 古字이다. '下基'는 引伸된 뜻이다.

屬字 峙(머뭇거릴 치), 前(앞 전), 歷(지낼 력), 歸(돌아갈 귀)

---

26) 上揭書, p.25.

028

癶(bō) (北末切 – 북말절) (등질 발)

足剌 癶 也. 從止, 屮. 凡癶之屬皆從癶. 讀若撥.

'발로 밟고 걸어가다'이다. 止와 屮를 따른다. 撥과 같이 읽는다.

說明 甲骨文에서 단독으로 쓰인 경우는 찾아볼 수 없으나 屬字 癶과 癹의 甲骨文을 고찰해 보면 모두 癶을 따른다. 즉 좌우로 대칭되는 두 개의 발을 따르는데 모두 '밟는다'는 뜻과 관련된다.

屬字 癶(오를 등), 癹(짓밟을 발)

029

步(bù) (薄故切 – 박고절) (걸음 보)

行也. 從止屮相背. 凡步之屬皆從步.

가다는 뜻이다. 止와 屮가 서로 등지고 있는 것을 따른다.

說明 甲骨文은 으로, 좌우 양쪽 발이 전후로 서로 따라가는 것이므로 나아간다는 뜻이다. 許愼의 字形해설은 따를 바가 못 된다.[27] 步字는 止를 따르므로 본래 당연히 止部에 들어가야 하나 步를 따르는 '歲' 字가 있기에 步部를 따로 세웠다.

屬字 歲(해 세)

---

27) 上揭書, p.27.

030

此(cǐ) (雌氏切 – 자씨절) (이 차)

止也. 從止, 匕. 匕, 相比次也. 凡此之屬皆從此.

止이다. 止와 匕를 따른다. 匕는 서로 비교함이다.

說明 甲骨文의 자형은 ⲙⲟ로, 小篆과 같다. 此字는 지시 대명사로 쓰인 후 本義는 사라졌다.

屬字 啙(약할 자), 啙(적을 사)

卷二下

031

正(zhèng) (之盛切 – 지성절) (바를 정)

是也. 從止, 一以止. 古文正從二, 二, 古上字. 凡正之屬皆從正.

옳다는 뜻이다. 止를 따른다. 一에서 멈춤이다. 古文 正은 二에서 왔고 二는 고문상자이다.

說明 甲骨文은 ⲟ로, 小篆과 자형이 유사하다. 口는 目的地를 의미하며 目的地를 향해 걸어간다는 뜻으로서 征의 初文이다.[28] 許愼의 '是也' 는 本義가 아닌 引申義이다. 甲骨文에서 口는 書寫상의 편리를 위하여 점차 一로 변화되었다.

屬字 乏(가난할 핍)

---

28) 上揭書, p.28.

是(shi) (承旨切 - 승지절) (옳을 시)

直也. 從日正. 凡是之屬皆從是.

곧다는 뜻이다. 日과 正을 따른다.

說明 甲骨文에는 보이지 않고 金文에는 로 되어 있다. 日과 正을 따르지 않으며 字形원리가 명확하지 않다.[29] 馬氏『疏證』에서는 "是는 正과 一字이다."라고 하였다. 이 두 자는 轉注 관계이다.

屬字 題(바를 위), 𧗠(적을 선)

辵(chuò) (丑略切 - 축략절) (쉬엄쉬엄 갈 착)

乍行乍止也. 從彳, 從止. 凡辵之屬皆從辵. 讀若『春秋公羊傳』曰辵 階而走.

쉬엄쉬엄 간다는 뜻이다. 彳을 따르며 止를 따른다.『春秋公羊傳』에서 말한 '辵階而走'의 辵과 같게 읽는다.

說明 甲骨文의 字形은 으로, 사거리와 발을 그려 '간다'는 뜻을 회의하 였다. 자형은 小篆과 다르다. 王筠은『說文句讀』에서 "許愼이 '자형에 止字가 있어서 잠깐 가다 잠깐 멈춘다.'는 뜻이라고 하였는데 옳지 않다. 같은 部首 내의 字는 모두 '간다'는 뜻이어서 '辵'字와 '行'字는 같은 뜻이다. 止는 단지 다리의 뜻일 뿐이다."라고 하였다.

屬字 迹(자취 적), 巡(돌 순), 進(나아갈 진), 連(잇닿을 연)

---

29) 上揭書, p.29.

034

彳(chì) (丑亦切 - 축역절) (조금 걸을 척)

小步也. 象人脛三屬相連也. 凡彳之屬皆從彳.

잔걸음이다. 사람의 三屬 - 上股, 中脛, 下足이 서로 연결되어 있는 형
태이다.

說明 甲骨文을 고찰해 보면 行이나 彳은 같은 형태이며, 彳은 行의 左半部
인 彳이라고 할 수 있다. 許說에서는 사람의 三屬이 연결된 것이라고
하였는데 잘못된 것이다. '彳'字는 '行'字의 省體로서 이 부수에 속하
는 글자는 모두 '行'字의 뜻과 차이가 없다. 甲骨文에서 彳과 行, 彳
은 같이 쓰였으며 屬字들의 의미도 차이가 없다.

屬字 徑(지름길 경), 往(갈 왕), 徐(천천할 서), 待(기다릴 대)

035

彳(yǐn) (余忍切 - 여인절) (길게 걸을 인)

長行也. 從彳引之. 凡彳之屬皆彳.

긴 걸음을 걷는다는 뜻이다. 彳의 획을 길게 뺀 것을 따른다.

說明 甲骨文을 고찰해 보면, 延은 𢌱이므로 彳과 彳은 같은 형태이다. 그
러므로 '從彳引之'라는 許愼의 解說은 잘못된 것이다.

屬字 廷(조정 정), 建(세울 건)

036

延(chān) (丑連切 - 축연절) (천천히 걸을 천)

安步延延也. 從彳, 從止. 凡延之屬皆從延.

느릿느릿 먼 길을 간다는 뜻이다. 彳과 止를 따른다.

說明 甲骨文은 ⼈으로, 小篆의 자형과 같다. 部首 자체도 '夊'을 따르고 하나밖에 없는 屬字 '延' 역시 '夊'을 따르므로 따로 부수를 세우지 않아도 될 수 있었다.

屬字 延(끌 연)

037

行(xíng) (戶庚切 – 호경절) (갈 행)

人之步趨也. 從彳, 從亍. 凡行之屬皆從行.
사람이 걸어가는 것이다. 彳과 亍을 따른다.

說明 甲骨文 ⼗에서는 사거리를 상형[30]한 것으로, 許愼이 "人之步趨也"라고 한 것은 본의를 떠난 것이다. 許愼은 行字를 두 개의 글자로 오인하여 右側을 彳이라 하고, 左側을 亍이라 하였는데 이는 그 초기 字形을 몰랐기 때문이다.

屬字 術(꾀 술), 街(거리 가), 衙(마을 아), 衛(지킬 위)

038

齒(chǐ) (昌里切 – 창리절) (이 치)

口齗骨也. 象口齒之形, 止聲. 凡齒之屬皆從齒.
입안의 齗骨이다. 입안의 이의 모양이며, 止聲이다.

說明 小篆은 形聲字이나, 甲骨文은 로 입과 이발을 그린 象形字이다. 戰國시대에 이르러 자형이 점차 변화되고 止聲을 추가하여 小篆과 같은 형태로 되었다.

屬字 齗(잇몸 은), 齮(깨물 기), 齰(물 색), 齬(어긋날 어)

---

30) 徐中舒, 『甲骨文字典』(중국, 四川辭書出版社), p.182.

039

牙(yá) (五加切 – 오가절) (어금니 아)

牡齒也. 象上下相錯之形. 凡牙之屬皆從牙.

동물의 이발이다. 상하가 교차를 이룬 형태이다.

說明 甲骨文에는 보이지 않고, 金文에는 로, 小篆과 자형이 같다. 段注에는 '牡齒'를 '壯齒'라고 교정하였다. 士部에서 '壯, 大也'라 하였으므로, 壯齒란 큰 이를 가리킨다. 段玉裁는 『說文解字注』에서 이르기를 "통틀어 말하자면 모두 齒라 일컫고 牙라 일컬었으나, 나누어 말하면 전면의 입술에 닿은 것을 齒라 일컫고, 후면의 광대뼈에 있는 것을 牙라 일컫는다."라고 하였다.[31]

屬字 𤘗(聲: 去奇切, 訓: 虎牙), 䶬(충치 우)

040

足(zú) (卽玉切 – 즉옥절) (발 족)

人之足也. 在下. 從止, 口. 凡足之屬皆從足.

사람의 발이다. 아래에 있다. 止와 口를 따른다.

說明 甲骨文은 으로, 正자와 字形이 같다. 甲骨文에서는 疋이 足의 本字이다. 說文의 해석도 本義와는 다르다. 徐鍇는 『說文繫傳』에서 "口는 정강이를 본뜬 것이다."라고 하였다.

屬字 跟(발꿈치 근), 跨(타넘을 과), 跳(뛸 도)

31) 段玉裁, 『說文解字注』(上海古籍出版社, 1988), p.80.

疋(shū) (所菹切 – 소저절) (발 소)

足也. 上象腓腸, 下從止. 『弟子職』曰：“問疋何止”. 古文以爲『詩・大疋』字. 亦以爲足字. 或曰胥字, 一曰：疋, 記也. 凡疋之屬皆從疋.

발이다. 위는 장딴지와 같고, 아래는 止를 따른다. 『弟子職』에 이르기를 ‘問疋何止’라고 하였다. 고문에서는 『詩經』의 ‘大疋’의 疋자로 보고 있다. 역시 足자로 여기고 있는 것이다. 혹은 胥자라고 하였고, 일설에는 疋이 기록한다는 뜻이라고 하였다.

說明 甲骨文은 𤴓로, 역시 정강이와 발을 그린 것이다. 足과 疋은 同一字이나 說文에서 둘로 誤分하였다.[32] 金文에 이르러 足과 같은 형태가 되었다. 여러 해설 중에 徐鍇의 해설만이 ‘足’을 本義로 했고 나머지는 모두 假借義로 하였으나 徐氏의 주장이 맞는 것 같다.

品(pǐn) (丕飮切 – 비음절) (물건 품)

衆庶也. 從三口. 凡品之屬皆從品.

시끄러운 소리라는 뜻이다. 세 개의 口를 따른다.

說明 甲骨文은 品이며, 口는 그릇을 뜻하는 것이고 세 개의 口를 따르는 것은 많은 祭物을 그릇에 담아 신에게 바친다는 뜻이다.[33] 許愼은 세 개의 口를 따르니 ‘시끄러운 소리’라고 해석한 것 같으나 本義와는 거리가 멀다.

屬字 嵒(땅이름 엽), 喿(울 소)

---

32) 上揭書, p.196.
33) 上揭書. p.197.

043

龠(yuè) (以灼切 – 이작절) (피리 약)

樂之竹管, 三孔, 以和衆聲也. 從品, 侖. 侖, 理也. 凡龠之屬皆從龠.
대나무 악기인데 세 개의 구멍이 있고 和, 衆聲이다. 品과 侖을 따른
다. 侖은 理이다.

說明 甲骨文은 龠이며, 악기의 모양이다. 小篆과는 조금 다르나 유사한 점
이 있다. 卜辭에서는 祭名으로 쓰였다.[34]

屬字 龢(풍류 조화될 화), 龤(풍류 조화될 해), 龠虒(直离切)

044

册(cè) (楚革切 – 초혁절) (책 책)

符命也. 諸侯進受於王也. 象其札一長一短; 中有二編之形. 凡册之
屬皆從册.
符命이다. 제후가 왕을 만날 때 왕에게서 하사받는 符信敎命이다. 그
札이 하나는 길고 하나는 짧은 것이다. 중간에 두 개를 얽어매어 놓은
형태이다.

說明 甲骨文을 고찰해 보면 册와 같은 형태로 되어 있는데[35] 끈으로 대
나무를 가로질러 꿰어 위아래를 맞춰 엮은 册이다.

屬字 嗣(이을 사), 扁(넓적할 편)

---

34) 上揭書. p.199.
35) 中國社會科學硏究院考古硏究所, 『甲骨文編』(中華書局, 1965), p.87.

045

茻(jí) (阻立切 - 조립절) (집)

衆口也. 從四口. 凡茻之屬皆從茻. 讀若戢. 又讀若呶.

여러 개의 입이다. 네 개의 口를 따른다. 戢(집)과 같이 읽기도 하고 呶
(노)와 같이 읽기도 한다.

說明 甲骨文에서 단독으로 쓰인 경우는 보이지 않으나 屬字의 부수를 살
펴보면 字形은 品으로, 小篆과 같으나 그 뜻은 분명하지 않다. 吅와
茻을 따르는 屬字들의 甲骨文을 살펴보면 두 개의 口를 따르거나 혹
은 세 개 혹은 네 개 혹은 다섯 개의 口를 따르며 口의 개수가 정해
지지 않았다. 그러므로 부수 吅과 茻은 甲骨文에서 구별이 없었던 것
으로 추정된다. 즉 모두 입이 여러 개이므로 '시끄럽다'(呶)는 뜻을
회의하고 있다.

屬字 嚚(어리석을 은), 㗊(크게 부르짖을 교), 器(그릇 기)

046

舌(shé) (食列切 - 식렬절) (혀 설)

在口, 所以言也, 別味也. 從干從口, 干亦聲. 凡舌之屬皆從舌.

입안에 있는 것인데 그로써 말하고 맛도 본다. 干과 口를 따르며, 干은
또한 聲이다.

說明 甲骨文은 ⼝형태인데, 혀가 입으로부터 나온 모양이다. 說文에서는 形聲
문자라고 하였으나 象形이다.[36] 甲骨文에서는 舌, 言, 告는 同一字이다.

---

36) 董蓮池, 『說文部首形義通釋』(중국, 東北師範大學出版社), p.41.

沓舌(聲: 他合切 - 訓: 呑食) 舌易(聲: 神旨切 - 訓: 以舌取食也)

047

干(gān) (古寒切 - 고한절) (방패 간)

犯也. 從反入, 從一. 凡干之屬皆從干.
'범하다'이다. 入을 뒤집은 것과 一을 따른다.

說明 甲骨文에서는 ㄚ형태이다. 干은 선진시대 사람들이 사냥할 때 쓰던 무기로서, 그 형을 본떴기에 회의자라는 해설은 옳지 않다. 또한 入의 반대자로 봐서 '거꾸로 들어간다'는 말도 맞지 않다. 章太炎은 『丈始』에서 "干頭와 戈頭는 같아 거꾸로 들어간다고 하였는데 실제로 그렇지 않다."고 하였다. 마땅히 全體 象形으로 봐야 할 것이다. '犯也'는 引申義이다.

048

谷(jué) (其虐切 - 기학절) (구개 각)

口上阿也. 從口, 上象其理. 凡谷之屬皆從谷.
입안 위의 줄무늬이다. 口를 따르며, 위는 그 문양이다.

說明 甲骨文에는 보이지 않고 金文에는 谷로 되어[37] 있으나 用例는 찾지 못하였으므로 그 뜻은 분명하지 않다. 徐灝는 『說文解字注箋』에서 "입안의 상부 굴곡부분으로 口蓋 부분이다. 阿는 굴곡이며, 그 무늬를 본떴다."고 하였다.

---

37) 上揭書, p.43.

049

只(zhī) (諸氏切 – 제씨절) (다만 지)

語已詞也. 從口, 象气下引之形. 只凡只之屬皆從只.
어기조사이다. 口를 따르며, 기가 아래로 끌리는 모습을 상형한 것이다.

說明　只자는 甲金文에서 모두 보이지 않는다. 語氣를 나타내므로 口를 따른다. 『說文』에서 '兮'字를 '말이 머무르는 것이다.'라고 해설하여 '只'字와 같이 語末助詞로 보았다.

050

㕯(nè) (女滑切 – 녀골절) (말 더듬을 눌)

言之訥也. 從口, 從內. 凡㕯之屬皆從㕯.
말을 더듬는다는 뜻이다. 口와 內를 따른다.

說明　甲骨文은 ⬔으로 자형이 小篆과 같다. '㕯'字에 대해 斷玉裁는 『說文解字注』에서 "內는 入이다. 會意이다."라고 하였고, 徐鍇는 『說文繫傳』에서 "뜻은 口를 따르고, 소리는 內를 따른다."고 형성 구조로 보았다. 현대문에서는 吶로 쓰이며, 王筠은 『說文句讀』에서 "'㕯'字와 '訥'字는 古今字 관계"라고 하였다.

屬字　喬(송곳질 할 율), 商(헤아릴 상)

051

句(gōu,jù) (古侯切. – 고후절. 又, 九遇切) (글귀 구)

曲也. 從口, 丩聲. 凡句之屬皆從句.
'굽다'라는 뜻이다. 口를 따르며 丩聲이다.

說明 甲骨文은 으로 小篆과 字形이 다르다. '句'에서 '口'는 물건을 뜻하는 하나의 부호일 뿐 義部는 아니다. '句'는 'ㄐ'에서 뜻을 얻는다.[38] 어떤 사물이 있을 때 넌출이 이를 꼬아 얽으면서 뻗어나는 것이기 때문에 구불구불하여지게 마련이다. 그러므로 句가 曲의 뜻을 가지게 된 것은 바로 이 'ㄐ'를 따르기 때문이다. 동시에 句를 성부로 취한 한자 중에는 허다히 曲의 뜻이 내포되어 있음을 알려 준다.

屬字 拘(잡을 구), 笱(통발 구), 鉤(갈고랑이 구)

052

ㄐ(jiū) (居虯切 – 거규절) (꼴 규)

相糾繚也. 一曰: 瓜瓠結ㄐ起. 象形. 凡ㄐ之屬皆從ㄐ.

서로 얽히고 꼬인 것이다. 일설에는 오이나 표주박이 얽혀 있는 것이라 한다. 상형이다.

說明 甲骨文은 으로 小篆과 字形이 같다. 서로 얽혀 있는 모습이다. 徐灝은 『說文解字注箋』에서 'ㄐ'와 '糾'字는 古今字 관계라고 하였다.

屬字 糾(꼴 규)

053

古(gǔ) (公戶切 – 공호절) (옛 고)

故也. 從十口. 識前言者也. 凡古之屬皆從古.

'오래되다'라는 뜻이다. 十과 口를 따른다. 옛말을 아는 사람이다.

說明 甲骨文은 으로, 十과 口를 따르지 않으며 字形이 유사하다. 本義는 '堅固하다'는 뜻으로 '固'는 '古'의 古文이다.[39] '故也'라 함은 '오래

---

38) 上揭書. p.44.
39) 上揭書, p.46.

되다'의 뜻인데 假借義이다. 本部에는 하나의 屬字만 수록되어 있는데 현대문에는 보이지 않는다.

054

十(shí) (是執切 – 시집절) (열 십)

數之具也. 一爲東西, 丨爲南北, 則四方中央備矣. 凡十之屬皆從十.
숫자 중의 完備한 것이다. 一은 동서, 丨은 남북을 뜻하며, 사방의 중앙은 모든 것을 구비할 수 있다.

說明 甲骨文의 字形은 丨으로 小篆과 다르다. 다만 숫자 十을 표시하는 추상적인 부호일 뿐이다. 金文은 ✚로 쓰여 점차 十으로 변화되었다. '七'의 甲骨文의 자형은 十이었는데 '十'의 자형과 같았으므로 小篆에서는 획을 變化시켜 두 字를 구별하였다.

屬字 丈(어른 장), 千(일천 천), 博(넓을 박)

055

卅(sà) (蘇杳切 – 소답절) (서른 삽)

三十幷也. 古文, 省. 凡卅之屬皆從卅.
세 개의 十이 합쳐진 것이다. 古文이며, 省略함이다.

說明 甲骨文 자형은 Ⱳ으로, 丨을 세 개 연결하여 三十을 뜻한 것[40]으로 字形은 小篆과 다르다. 즉 세 개의 '十'字가 합쳐진 것이다. 許說에서 '省'이라 함은 "세 개의 '十'이 합쳐져 하나의 字를 형성하여 '30'을 나타낸다."라는 뜻이다.[41]

屬字 世(대 세)

---

40) 徐中舒, 『甲骨文字典』(중국, 四川辭書出版社), p.220.
41) 董蓮池, 『說文部首形義通釋』(中國, 東北師範大學出版社), p.48.

056

言(yán) (語軒切 - 어헌절) (말씀 언)

直言曰言, 論難曰語. 從口, 辛聲. 凡言之屬皆從言.
직접 말하는 것을 言이라 하고, 論駁하는 것이 語이다. 口와를 따르며 辛聲이다.

說明 甲骨文은 𡆥, 𡇒로 자형이 小篆과 유사하다. 甲骨文에 의하면 告, 舌, 言은 같은 字이면서 구성이 다르다.[42] 즉 告, 舌, 言은 同一字이다.

屬字 語(말씀 어), 訓(가르칠 훈), 信(믿을 신), 誾(온화할 은)

057

誩(jìng) (渠慶切 - 거경절) (말씨름할 경)

競言也. 從二言. 凡誩之屬皆從誩. 讀若競.
말씨름함이다. 두 개의 言을 따른다. 競처럼 읽는다.

說明 甲骨文이나 金文에는 보이지 않는다. 徐灝는 『說文解字注箋』에서 "競言은 말다툼과 같다. '誩'과 '競'은 音과 義가 같고 모양 역시 서로 이었다. 본래 같은 字인 듯하다."고 하였고, 王筠은 『說文句讀』에서 "誩을 競과 같이 읽으니 競의 古文이다."고 하였다.

屬字 競(겨룰 경), 讟(원망할 독)

058

音(yīn) (於今切 - 어금절) (소리 음)

聲也. 生於心, 有節於外, 謂之音. 宮, 商, 角, 徵, 羽, 聲. 絲, 竹, 金, 石, 匏, 土, 革, 木, 音也. 從言含一. 凡音之屬皆從音.

---

42) 徐中舒, 『甲骨文字典』(중국, 四川辭書出版社), p.222.

聲이다. 마음에서부터 생기고 마디가 있어 밖으로 표출하는 것을 음이라 한다. 宮, 商, 角, 徵, 羽는 聲이고, 絲, 竹, 金, 石, 匏, 土, 革, 木은 음이다. 一을 품은 言을 따른다.

說明 甲骨文은 ꝏ으로 言의 자형과 같으며, 告, 舌, 言과 同一字이다. 小篆에서 一을 加한 것은 指事字의 표지이며 言과 구별하기 위함이다.

屬字 響(울림 향), 韶(풍류이름 소), 章(글 장), 竟(다할 경)

059

辛(qiān) (去虔切 – 거건절) (새길 건)

罪也. 從干, 二. 二, 古文上字. 凡辛之屬皆從辛. 讀若愆.
罪이다. 干과 二를 따른다. 二는 고문 上자이다. 愆(건)처럼 읽는다.

說明 甲骨文은 辛으로 小篆과 字形이 유사하다. 古代 墨刑을 행하는 새김칼의 형상이다. 許說에서 '罪'라 함은 本義가 아닌 假借義이다. 屬字에는 '童'과 '妾' 두 자만 수록되어 있는데 '妾'의 甲骨文을 살펴보면 여자 노예의 형상이다. 또한 '辛'과 구별이 없으므로 실제는 同一字이다.

屬字 童(아이 동), 妾(첩 첩)

060

丵(zhuó) (士角切 – 사각절) (풀이 무성할 착)

叢生艸也. 象丵嶽相並出也. 凡丵之屬皆從丵. 讀若浞.
풀이 무성히 자람이다. 丵과 嶽이 서로 병립해 있는 형상이다. 浞(착)처럼 읽는다.

說明 甲金文에서 단독으로 쓰인 경우는 보이지 않는다. '宰'의 甲骨文은 ꝏ 인데, 春秋時代에 이르러서는 ꝏ로 쓰였다. 여기에서 '辛'字가

'丵'로 변하였음을 알 수 있다. 또한 屬字 '對'의 金文은 𰔄으로, '辛'을 따른다. 業의 初文은 本 부수와는 아무런 관련이 없다. '叢'은 출토된 戰國 이전의 古文字에는 보이지 않으므로 秦漢時代에 만들어진 글자임이 분명하다. 아마 그때 사람들은 '丵'가 '辛'에서 변화된 것임을 모르고 '풀이 무성한 형상'으로 誤解하였을 것이다.[43] 따라서 許愼의 해설도 정확하지 않다.

屬字 業(업 업), 叢(모일 총), 對(대답할 대)

061

業(pú) (蒲沃切 – 포옥절)

瀆業也. 從丵, 從廾, 廾亦聲. 凡業之屬皆從業.

번거롭고 귀찮다는 뜻이다. 丵과 廾을 따르며, 廾은 또한 聲이다.

說明 甲金文에서 단독으로 쓰인 예는 찾을 수 없다. 단지 小篆의 자형으로부터 본다면 두 손으로 兵器를 잡고 있는 형상으로 抵抗의 뜻을 나타낸다. 그러므로 '撲'의 初文일 것이다.[44]

屬字 僕(종 복)

062

奴(gǒng) (居竦切 – 거송절) (두 손으로 받들 공)

竦手也. 從屮從又. 凡奴之屬皆從奴.

두 손을 맞잡은 것이다. 屮와 又를 따른다.

說明 甲骨文은 𢉖로 小篆과 字形이 같다. 두 손으로 맞잡고 물건을 받드는 형상이다. 王均은 『說文句讀』에서 "奴은 곧 '拱'字의 古文이다. 글자

43) 董蓮池, 『說文部首形義通釋』(中國, 東北師範大學出版社), pp.52~54.
44) 李徹, 「說文部首研究」(國立臺灣師範大學 석사학위논문, 民國 76年), p.40.

는 좌우 두 손을 따르며, 손을 맞잡는다는 뜻이다. 후세에는 '共'으로 그 뜻을 나타냈다. 세속에서는 또 '扌'부를 보태어 '拱'으로 썼는데, '拱'이 통용되니 '奴'은 폐하였다."고 하였다.

屬字 　奉(받들 봉), 奐(빛날 환), 弄(희롱할 농), 兵(군사 병)

063

双(pān) (普班切 – 보반절)

引也. 從反廾. 凡**双**之屬皆從**双**.

끌어당기는 것이다. 廾의 반대를 따른다.

說明 　甲金文에 모두 보이지 않는다. 王均은 『說文句讀』에서 "**奴**은 두 손이 서로 향하여 모으는 것이고, **双**은 두 손이 서로 밖으로 향하여 잡아당기는 것이다. 각기 다른 뜻을 會意하므로 **奴**의 반대라고 말할 수 없다."고 하였다.

屬字 　樊(울 번), 夑(이룰 련)

064

共(gòng) (渠用切 – 거용절) (함께 공)

同也. 從廿, 奴. 凡共之屬皆從共.

同이다. 廿과 **奴**을 따른다.

說明 　甲骨文에는 보이지 않고 金文에는 𠀇로 되어 있다. 『斷注』에서는 "廿은 두 개의 十이 합침이다. 20인이 모두 손을 맞잡으니 同이다."라고 하였다.

屬字 　龔(공손할 공)

065

異(yì) (羊吏切 - 양리절) (다를 이)

分也. 從奴, 從畀. 畀, 予也. 凡異之屬皆從異.

나누다는 뜻이다. 奴과 畀를 따른다. 畀는 '주다'의 뜻이다.

說明 甲骨文의 자형은 ♥으로, 머리에 무슨 물건을 이는 형태로 보인다. 楊
樹達은 異가 戴의 初文이라고 하였다.[45] 字形은 甲金文은 같고 小篆
과는 유사하다. 許說에서 '分也'라 한 것은 정확하지 않다.

屬字 戴(일 대)

066

舁(yú) (以諸切 - 이제절) (마주 들 여)

共舉也. 從臼, 從奴. 凡舁之屬皆從舁. 讀若余.

'같이 들다'라는 뜻이다. 臼과 奴을 따른다. 余와 같이 읽는다.

說明 屬字들의 甲骨文을 고찰해 보면 네 손으로 물건을 드는 형태이다. 屬
字 興의 甲骨文은 ♥으로, 네 개의 손으로 쟁반을 들고 있는 형상이
다. 許說 '共舉也'는 정확하다.

屬字 與(줄 여), 興(일 흥)

067

臼(jú) (居玉切 - 거옥절)

叉手也. 從ㅌ, ㅋ. 凡臼之屬皆從臼.

손을 겹쳐 끼운 것이다. ㅌ와 ㅋ를 따른다.

說明 甲金文에는 보이지 않는다. 屬字에는 '要'자만 수록되어 있는데 初文

---

45) 周法高주편, 『金文詁林』, p.1467.

은 '두 손으로 허리를 잡은 형상'으로 '腰'의 本字이다.

屬字 要(구할 요)

068

晨(chén) (食鄰切 – 식린절) (새벽 신)

早, 昧爽也. 從臼, 從辰. 辰, 時也, 辰亦聲. 丮夕爲㸰, 臼辰爲晨, 皆
同意. 凡晨之屬皆從晨.

아침을 뜻하는데 날이 새려고 먼동이 틀 때의 어둑한 새벽을 이르는 것
이다. 臼과 辰을 따른다. 辰은 때를 나타내는 것이며, 辰은 또한 聲이
기도 하다. 臼辰은 새벽을 뜻하며, 모두 같은 뜻이다.

說明 甲骨文은 으로, 小篆과 자형이 다르다. 辰은 上古에는 농업에서 초
목을 베는 도구였으므로[46] 새벽이 되면 일하러 나감을 뜻하는 것이
라 생각된다. 本部에는 '農'자 하나만 수록되어 있는데 金文에서 보
면 '晨'은 '農'의 初文으로 실제로 두 字는 같은 字이다. 현대문에서
는 晨을 폐하고 晨으로 쓴다.

屬字 農(농사 농)

069

爨(cuàn) (七亂切 – 칠란절) (불 땔 찬)

齊謂之炊爨. 臼象持甑, 冂爲竈口, 廾推林內火. 凡爨之屬皆從爨.

제나라에서는 불을 지펴 밥을 짓는 것을 爨이라 했다. 臼은 시루를 얹
어 놓은 형상이고, 冂은 아궁이 구멍이며, 廾은 쌓아올린 장작더미 안
의 불을 뜻한다.

說明 甲金文에 모두 보이지 않는다. '炊'字와 '爨'字는 轉注의 관계이다. 許

<hr>

46) 董蓮池, 『說文部首形義通釋』(중국, 東北師範大學出版社), p.59.

說 중의 '林'은 '장작'이라는 뜻이고, '內'는 '納'과 같다. 本部에는
두 개의 屬字가 수록되어 있는데 現代文에는 보이지 않는다.

卷三下

070 革(gé) (古覈切 – 고핵절) (가죽 혁)

獸皮治去其毛, 革更之. 象古文革之形. 凡革之屬皆從革.
짐승 가죽의 털을 벗겨내 원래의 모양을 개변시킨 것이다. 고문 革의
형태와 같다.

說明 甲骨文에는 보이지 않고 金文에는 ♦로 되어 있다. '革'은 '勒'字의 初
文으로 『說文』革部에서 勒에 대해 다음과 같이 설명하고 있다. "勒은
말머리에 씌우는 굴레이다. 革을 따르고 力聲이다." 勒은 바로 짐승
의 머리에 씌우는 籠頭이다.

屬字 靼(다룸가죽 단), 鞄(혁공 포), 鞁(가슴걸이 피), 鞭(채찍 편)

071 鬲(lì) (郎激切 – 랑격절) (솥 력)

鼎屬. 實五穀, 斗二升曰䚉. 象腹交文, 三足. 凡鬲之屬皆從鬲.
솥이다. 實五穀을 斗二升은 䚉이라 했다. 가운데 무늬가 있고 발이 셋
이 있는 것이다.

說明 甲骨文 자형은 으로, 발이 셋이 있는 솥의 모양이다. 祭器로 사용되
었으며 小篆과 자형이 유사하다. 小篆에서 가운데의 X는 장식 문양

이다. 許說에서 '鼎屬'이라고 한 것에 대해 饒炯은 『說文解字部首訂』
에서 "許愼이 '某屬'이라고 하는 것은 이 사물이 저 사물과 유사하다
는 것을 이르는 것이다."고 하였다.

屬字 鬷(가마 솥 종), 鬶(용가마 심), 鬳(솥 권), 融(화할 융)

072

鬲(lì) (郎激切 – 랑격절) (솥 력)

鼎也. 古文. 䰜字. 象孰飪五味气上出也. 凡鬲之屬皆從鬲.

삶아 익혀 다섯 가지 맛을 내는 것이다. 古文이며, 또한 '䰜'字이다. 삶
아 익혀서 다섯 가지 맛이 흘러나오는 형상이다.

說明 甲金文에는 보이지 않고 王筠의 『說文釋例』에서는 𩰿으로 보고 있으
니, 마치 맛의 향기가 솥에서 흘러나오는 형상이다. 현대문에도 보이지
않는데 자형으로부터 보아 許說에서처럼 '䰜'의 異體字인 듯싶다.

屬字 鬻(죽 죽)

073

爪(zhǎo) (側狡切 – 측교절) (손톱 조)

丮也. 覆手曰爪. 象形. 凡爪之屬皆從爪.

움켜쥐는 것이다. 손바닥을 뒤엎은 것을 爪라 부른다. 상형이다.

說明 甲骨文을 고찰해 보면 𠂆로 되어 있으니, 마치 손을 아래로 드리우고
물건을 움켜 집으려는 모양이므로, '抓'의 本字이다.[47) 王筠은 『說文句
讀』에서 "'又'는 손가락이 위에 있는 字形이나, '爪'는 팔이 위에 있
고 손가락이 아래에 있으므로 覆手라고 하였을 것이다."고 말하였다.

屬字 孚(미쁠 부), 爲(할 위)

---

47) 董蓮池, 『說文部首形義通釋』(中國, 東北師範大學出版社), p.63.

074

臼(jí) (几劇切 - 궤극절) (잡을 극)

持也. 象手有所臼據也. 凡臼之屬皆從臼.

잡는다는 뜻이다. 마치 손으로 잡고 있는 형태와 같다.

說明 甲骨文의 字形은 🖐으로 마치 사람이 두 손으로 받드는 모양이며, 小篆과 자형이 유사하다. 학자들은 이 字의 字形에 대하여 意見이 紛紛하였다. 徐鍇는 『說文繫傳』에서 "臼은 손을 본뜬 것이다."고 하였고, 段玉裁는 『說文解字注』에서 "바깥쪽은 주먹으로 쥔 모양을 본떴다."고 하였으며, 朱駿聲은 『說文通訓定聲』에서 "손을 따르고, 臼은 쥔 바이다."고 하였다.

075

鬥(dòu) (都豆切 - 도두절) (싸울 두)

兩士相對, 兵杖在後, 象鬥之形. 凡鬥之屬皆從鬥.

두 병사가 대치해 있는 것인데, 병기가 뒤에 있고 싸우는 형태이다.

說明 甲骨文 🤼를 보면 두 사람이 손으로 서로 잡고 있는 모습이지, 許愼의 해설처럼 병기가 뒤에 있는 모습은 아니다.[48] 羅振玉은 『殷墟書契考釋』에서 "甲骨文의 여러 형태의 字形들은 모두 두 사람이 서로 다투는 모양을 본떴는데, 무기가 없다. 許愼은 두 사람이 싸우는 모양을 무기를 든 모양으로 잘못 보지 않았을까? 字形으로 살피건대, 맨손으로 격투하는 것을 鬥라고 한다."고 하였으며, 段玉裁는 『說文解字注』에서 "두 사람이 손으로 상대방을 붙잡은 것을 본뜬 것이다."라고 하였다.

屬字 鬧(시끄러울 료), 鬨(싸울 홍), 鬮(제비 구), 鬩(다툴 혁)

---

48) 上揭書, p.64.

076

又(yòu) (于救切 – 우구절) (또 우)

手也. 象形. 三指者, 手之列多, 略不過三也. 凡又之屬皆從又.

손이다. 상형이다. 손가락이 세 개인데, 손가락 수는 많으나 세 개로 간
략한 것이다.

說明 甲骨文의 字形은 ㄟ으로 小篆과 같으며 오른손의 형상을 본뜬 것이
다. 許說 중의 '略不過三'에 대해 斷玉裁는 『說文解字注』에서 "略은
大略을 말함이다."고 하였고, 章太炎은 『文始』自注에서 "5개의 손가
락을 3개로 생략하여 그렸다는 뜻"이라고 하였다.

屬字 右(오른쪽 우), 叉(깍지 낄 차), 父(아비 부), 及(미칠 급)

077

屮(zuǒ) (臧可切 – 장가절) (왼손 좌)

左手也. 象形. 凡屮之屬皆從屮.

왼쪽 손이다. 상형이다.

說明 甲骨文은 ㄥ으로 小篆과 자형이 같으며 왼손의 형상이다. 그러나 甲
骨文에서는 正反의 구별이 없으므로[49] 좌우 상관없이 쓰고 있다. 屮
와 又를 살펴보건대, 小篆에서 세 손가락이 오른쪽을 향한 것은 屮,
왼쪽을 향한 것은 又라고 엄격히 규정하고 있다. 甲骨文과 金文에서
그 방향이 任意대로 쓰고 있다. 손가락 방향이 일정치 않은 것을 『甲
骨文編』에서는 '通用'이라고 표현하였다.

屬字 卑(낮을 비)

---

49) 徐中舒, 『甲骨文字典』(중국, 四川辭書出版社), p.315.

078

史(shǐ) (疏土切 – 소사절) (역사 사)

記事者也. 從又, 持中. 中, 正也. 凡史之屬皆從史.

일을 기록하는 것이다. 又를 따르며, 中을 받든 것이다. 中은 바른 것
을 의미한다.

說明 甲骨文은 으로, 事와 자형과 자의가 같다. 又 위에 든 것은 사냥기
구이다. 옛날에는 사냥이 일이었으므로 事의 의미를 갖는다.[50] 馬氏
는 '史'字를 '書'字의 初文이라고 하였다. 許說에서 "從又, 持中. 中,
正也"라 하여 손에 든 것을 '中'으로 보았는데 '中'의 甲骨文과는 자
형이 다르므로, 이는 잘못된 해설이다.

屬字 事(일 사)

079

支(zhī) (章移切 – 장이절) (가를 지)

去竹之枝也. 從手持半竹. 凡支之屬皆從支.

대나무의 가지를 따는 것이다. 손에 반 竹을 들고 있는 것을 따른다.

說明 甲金文에 모두 보이지 않는다. 小篆의 자형을 보면 손에 '竹'의 반쪽
을 들고 있는 형상이다. 王筠은 『說文句讀』에서 "'去'는 떼어놓음이
다. 이미 손에 쥐었으니, 이는 대나무 가지를 떼어냄이다."라고 하였
다. 또한 '支'는 '枝'의 古字라고 하였다.[51]

屬字 攲(기울 기)

---

50) 上揭書, p.316.
51) 董蓮池, 『說文部首形義通釋』(中國, 東北師範大學出版社), p.67.

080

聿(niè) (尼輒切 – 니첩절) (붓 녑)

手之疌巧也. 從又持巾. 凡聿之屬皆從聿.

손의 민첩함을 뜻한다. 손으로 巾을 들고 있는 것을 따른다.

說明 甲骨文에서는 보이지 않으나 金文은 로 되어 있다. 聿의 甲骨文 字形은 으로, 위의 金文과 자형이 같으므로 聿과 聿은 同一字로 생각된다. 모두 '筆'의 初文이다.[52] '巾'은 새김칼의 모양이다. 옛날에는 글쓰기를 칼로 하였으나 후세에 털 묶음으로 바꾸고 윗부분은 대통으로 만들었다. 그러므로 손으로 획을 새기는 칼을 잡는 모양에서 그 윗부분에 竹을 더하여 '筆'字가 되었다.

屬字 肅(엄숙할 숙)

081

聿(yù) (余律切 – 여율절) (붓 율)

所以書也. 楚謂之聿, 吳謂之不律, 燕謂之弗. 從聿, 一聲. 凡聿之屬皆從聿.

글을 쓰는 붓이다. 楚에서는 聿이라 하고, 吳에서는 不律이라 하고, 燕에서는 弗이라 하였다. 聿을 따르며, 一聲이다.

說明 甲骨文은 으로 손으로 붓을 잡고 있는 형상이다. '筆'의 初文이다. 甲骨文의 자형은 聿과 같고 실제는 같은 字이며, 小篆에서는 역시 그것을 따르니 '聿'部를 따로 세우지 않아도 될 듯싶으나 許愼은 독립된 部首를 세웠다.

屬字 筆(붓 필), 書(쓸 서)

52) 上揭書, p.67.

082

畵

畵(huà) (胡麥切 - 호맥절) (그릴 획)

界也. 象田四界, 聿, 所以畵之. 凡畵之屬皆從畵.
경계를 나타낸다. 田이 네 개의 경계로 나누어진 것과 같으며, 聿로 그
린 것이다.

說明 甲骨文은 🖌로서, 손으로 칼을 잡고 그림을 새기는 형상이며, 小篆과
자형이 다소 유사하다. 戰國時代에 이르러 '聿'의 아랫부분이 '田'으
로 변화되었는데 秦漢時代 사람들은 그 변화과정을 모르고 '밭의 경
계를 나누는 것'으로 誤解한 것이다. 屬字에는 '晝'字만 수록되어 있
는데 許愼은 "畵의 省略이며, 낮과 밤의 경계를 나타낸다."고 해석하
였는데, 그것은 '畵'가 경계를 나타낸다는 데 그 원인이 있다.[53]

屬字 晝(낮 주)

083

隶

隶(dài) (徒耐切 - 도내절) (잡을 대)

及也. 從又, 從尾省. 又持尾者, 從後及之也. 凡隶之屬皆從隶.
'미치다'이다. 又와 꼬리의 생략을 따른다. 손으로 꼬리를 잡고 뒤로부
터 포획하는 것이다.

說明 甲骨文에는 보이지 않으며 金文은 🖎형태인데 손으로 꼬리를 잡고
있는 형상이다. 徐灝는 『說文解字注箋』에서 "隶와 逮는 古今字이며
隷로 쓰기도 했는데 같은 字이다."라고 하였다. '隷'字는 '隶'字의 重
文이며, '隶'字와 '辵'部의 '逮'字는 부수가 다른 異體字이다.

屬字 隷(붙을 예)

<hr>

53) 上揭書, p.69.

084

臤(qiān) (苦閑切 – 고한절) (견고할 간)

堅也. 從又, 臣聲. 凡臤之屬皆從臤. 讀若鏗鏘之鏗. 古文以爲賢字.

견고하다는 뜻이다. 又를 따르며, 臣聲이다. 鏗鏘의 鏗과 같게 읽는다.
고문은 賢자로 본다.

<u>說明</u>　甲骨文은 形태로, 자형이 小篆과 같으며, 손으로 다른 사람의 눈을
잡은 형상이다. 馬氏는 『疏證』에서 "이 字를 살펴보면 '牽'字의 本字
이다. '堅'은 聲訓이고, 뜻은 당연히 붙잡는 것을 말함이다."고 하였
다. 그러므로 '견고하다'는 本義가 아니다. 屬字에는 緊・堅・豎 등
세 字가 수록되어 있는데 모두가 견고하다는 뜻과 연관된다. 現代文
에서는 '緊'은 '糸'部에, '堅'은 '土'部에, '豎'는 '豆'部에 속한다.

<u>屬字</u>　緊(굳게 얽을 긴), 堅(굳을 견), 豎(더벅머리 수)

085

臣(chén) (植鄰切 – 식린절) (신하 신)

牽也. 事君也. 象屈服之形. 凡臣之屬皆從臣.

끌리는 것이다. 군주를 모시는 것이다. 굴복하는 형상이다.

<u>說明</u>　甲骨文은 으로, 눈을 상형한 것이다. 字形은 小篆과 같다. 章太炎은
『文始』에서 "'臣'은 '牽'의 初文인데, 引伸되어 노비의 뜻으로 쓰였
다."고 하였다. 『春秋傳』에서는 "남자는 남의 臣이 되며, 여자는 남
의 妾이 된다."고 하였으며, 『刑法志』에서는 "臣이라고 하는 것은 포
로 및 여러 죄받은 사람으로, 일 시중을 들어 종노릇하는 자이니 굴
복하는 모양을 본떴다."고 하였다.

<u>屬字</u>　䐭(어그러질 광) 臧(착할 장)

086

殳(shū) (巿朱切 – 시주절) (창 수)

以杸殊人也.『禮』"殳以積竹, 八觚, 長丈二尺, 建於兵車, 旅賁以先
驅". 從又, 几聲. 凡殳之屬皆從殳.

창으로 사람을 죽이는 것이다.『禮』에서 "殳는 대나무를 모아 여덟 모
나게 만든, 길이가 두 척 되는 것인데, 군대를 일으키고 旅賁이 先驅에
섰다."고 했다. 又를 따르며 几聲이다.

說明 甲骨文의 자형은 ❘으로서 손에 무기를 들고 있는 형상으로 손에 들
고 있는 것은 마땅히 '杸'이다. 小篆과 자형이 유사하다. 손에 든 창
이 小篆에서는 '几'로 변화되었는데 許愼은 '几聲'을 따른다고 하였으
니 정확하지 않다.

屬字 毆(때릴 구), 殿(큰 집 전), 段(구분 단), 役(부릴 역)

087

殺(shā) (所八切 – 소팔절) (죽일 살)

戮也. 從殳, 杀聲. 凡殺之屬皆從殺.

죽이다는 뜻이다. 殳를 따르고 殺聲이다.

說明 甲骨文에는 杀로 되어 있으며 㣚와 자형이 같고 甲骨文에서는 同一字
이며 古音은 서로 비슷하며, 후세에 殺의 의미로 假借되었다.[54] 小篆
과 자형이 다르다. 屬字에는 '弑'字 하나만 수록되어 있는데 '신이
임금을 죽이다'라는 뜻이다.

屬字 弑(죽일 시)

---

54) 上揭書, pp.328~329.

088

殳(shū) (市朱切 – 시주절) (수)

鳥之短羽, 飛殳殳也. 象形. 凡殳之屬皆從殳. 讀若殊.
짧은 깃털의 새가 푸드덕 날아오르는 것이다. 상형이다. 殊와 같이 읽는다.

說明 甲金文에 모두 보이지 않는다. '殳'의 甲骨文을 보면 '殳'는 팔모 창이 변화된 것이다. 小篆의 字形으로는 그 取象을 알 수 없다.

屬字 鳬(오리 부)

089

寸(cùn) (倉困切 – 창곤절) (마디 촌)

十分也. 人手卻一寸, 動脈, 謂之寸口. 從又, 從一. 凡寸之屬皆從寸.
十分이다. 사람 손은 한 촌밖에 되지 않는다. 動脈 부분을 寸口라 한다. 又와 一을 따른다.

說明 甲金文에 보이지 않는다. 寸의 屬字들의 甲骨文 자형을 살펴보면 모두 又를 따를 뿐 寸을 따른 字는 없다. 그러므로 上古時代에는 尺寸의 도량 단위가 없었던 것으로 추정된다.

屬字 寺(절 사), 將(장차 장), 專(오로지 전), 導(이끌 도)

090

皮(pí) (符羈切 – 부기절) (가죽 피)

剝取獸革者謂之皮. 從又, 爲省聲. 凡皮之屬皆從皮.
짐승의 가죽을 벗겨내는 것을 皮라고 한다. 又를 따르며 爲의 省聲이다.

說明 甲骨文에는 보이지 않고, 金文 🖐에서는 손으로 짐승의 가죽을 벗기는 형상이다. '爲'의 생략된 소리를 따른다는 것은 정확하지 않다. 王

筠은 『說文釋例』에서 "皮가 又를 따른 것을 살펴보자면 皮를 벗겨 가지기 위함인데, 어찌 爲의 생략된 것을 따른다고 할 수 있는가? 대개 '皮'는 그 '革'과 같으니 같은 象形이다. 이미 털을 제거하면 '革'이 되어 평평하게 편 모양이다. 따라서 '革'은 그 정면을 본뜸이다. 털을 아직 제거하지 않은 것을 '皮'라 하는데, 그 성질이 부드럽고 그 측면을 본뜸이다."라고 하였다.

屬字 皰(여드름 포), 奸(기미 낄 간), 皸(틀 군), 皴(주름 준)

091

鞣(ruǎn) (而兗切 - 이연절) (가죽 연)

柔韋也. 從北, 從皮省, 從夐省. 凡鞣之屬皆從鞣. 讀若夬, 一日若雋.
부드러운 가죽이다. 北을 따르며, 皮를 생략한 것과 夐을 생략한 것을 따른다. 夬처럼 읽기도 하고, 雋처럼 읽기도 한다.

說明 甲金文에는 모두 보이지 않는다. 斷玉裁는 『說文解字注』에서 "柔라고 하는 것은 매만져서 가죽을 부드럽게 함을 말함이다. 韋는 쓸 수 있는 皮이다."라고 하였으며, 徐灝는 『說文解字注箋』에서 "夬은 柔이다."라고 하였다.

092

攴(pū) (普木切 - 보목절) (칠 복)

小擊也. 從又, 卜聲. 凡攴之屬皆從攴.
가볍게 두드리는 것이다. 又를 따르며 卜소리이다.

說明 甲金文에서 단독으로 쓰인 경우는 찾을 수 없으나 屬字를 관찰해 보면 甲骨文은 ﾇ의 형태이다. 마치 손으로 몽둥이를 들고 있는 형상이다. 자형은 '殳'와 유사하다. 王筠은 『說文句讀』에서 "攴은 經典에

서는 朴이라 하였다."고 하였다.

屬字 徹(통할 철), 整(가지런할 정), 更(다시 갱), 牧(칠 목)

093

教(jiào) (古孝切 – 고효절) (가르침 교)

上所施, 下所效也. 從攴, 從孝. 凡教之屬皆從敎.
윗사람은 베풀고 아랫사람은 본받는다는 뜻이다. 攴과 孝를 따른다.

說明 甲骨文은 자형은 🔸인데 小篆과 같으며, 자형의 구조로 보면 몽둥이
를 들고 아이를 때리는 형상이다. 자형의 구조로 보면 윗사람이 하
는 일을 아랫사람이 본받도록 매를 때리는 일이 곧 가르치다는 뜻이
다. '教'는 攴을 따르며 하나뿐인 屬字 '學攴' 역시 攴을 따르므로 따
로 부수를 세우지 않고 '攴'部에 귀속시켜도 될 듯싶다.

094

卜(bǔ) (博木切 – 박목절) (점 복)

灼剝龜也. 象灸龜之形. 一曰: 象龜兆之從橫也. 凡卜之屬皆從卜.
거북이 껍데기를 구운 것이다. 거북이 껍데기를 달군 형태이다. 일설에
는 거북이의 껍데기에 나타난 종횡에 따라 점을 쳤다고 한다.

說明 甲骨文은 ⼘으로 小篆과 자형이 같다. 上古時代에는 거북이의 껍데기
를 불에 달군 쇠꼬챙이로 눌러 갈라지는 종횡에 따라 점을 쳤다고
한다.

屬字 卦(걸 괘), ⺊(점칠 계), 貞(곧을 정), 占(차지할 점)

用(yòng) (余訟切 – 여송절) (쓸 용)

可施行也. 從卜, 從中. 衛宏說. 凡用之屬皆從用.

행할 수 있다는 뜻이다. 卜과 中을 따른다. 위굉설.

說明　甲骨文의 자형은 用으로 小篆과 같다. 마치 卜辭용 骨版 위에 나타난 卜兆의 형상과 같다. 吳其昌은 『殷墟書契解詁』에서 "'用'字의 자형은 짧은 막대 두세 개를 들쭉날쭉하게 땅에 꼽고 횡으로 나무 말뚝 한두 개를 비스듬하게 걸쳐놓은 형태이다. 아마도 가축을 가두는 울타리의 말뚝의 모양인 듯하다."고 하였는데 일리가 있다.

屬字　甫(클 보), 庸(쓸 용), 甯(차라리 녕)

爻(yáo) (胡茅切 – 호모절) (효 효)

交也. 象『易』六爻頭交也. 凡爻之屬皆從爻.

교차되는 것이다. 『周易』의 六爻의 머리가 교차되는 것이다.

說明　甲骨文의 자형은 爻로 小篆과 같다. '六爻頭交'란 주역사상에 따른 것이다. 馬氏『疏證』에서는 "『周易』에서 卦는 서로 복잡하게 교차하므로 그것의 이름을 본떠 爻라고 하였다고 하였다. 옛날에는 두 개의 五로 하늘과 땅의 숫자를 삼았다. 하늘과 땅이 모든 사물을 감싸며 실어, 뒤섞임을 극도로 보게 된다. 이는 종횡으로 교차된 뜻이다. 『周易』에 말하기를 '무릇 하늘과 땅의 수는 55이다.'라고 하였다. 고로 爻는 交로 뜻을 삼고, 爻의 音을 따른다."고 하였다.

爻爻(lì) (力几切 – 역궤절)

二爻也. 凡爻爻之屬皆從爻爻.

두 개의 爻이다.

說明 甲金文에는 보이지 않는다. 章太炎은 "爽은 爻爻을 따르고 밝다는 뜻을 가진다. 爻爻은 틈에서 새어나오는 빛이 서로 교차되는 것이다."라고 했다.

屬字 爾(너 이), 爽(시원할 상)

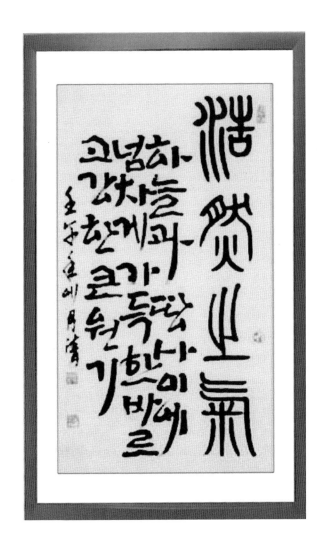

098

昷(xuè) (火劣切 – 화열체) (혈)

擧目使人也. 從攴, 從目. 凡昷之屬皆從昷. 讀若風術.
눈으로 사람을 부린다는 뜻이다. 攴과 目을 따른다. 風術처럼 읽는다.

說明 甲骨文의 字形은 𝐀으로 臣又(84)의 자형과 비슷하다. 目과 攴을 따르는 會意字로, 눈으로 사람을 부린다는 許愼의 해설이 정확하다.

屬字 敻(멀 형), 闋(내리깔고 볼 문)

099

目(mù) (莫六切 – 막육체) (눈 목)

人眼. 象形. 重童子也. 凡目之屬皆從目.
사람의 눈이다. 상형이다. 눈동자이다.

說明 甲骨文은 𝐀, 金文은 𝐀으로 눈의 형태를 그린 것이다. 외각은 눈두 덩을 상형하였고 내부는 눈동자를 그린 것이다. 小篆에서 직선으로 곧게 펴고 원형태와는 상당히 멀어지게 되었다. 小篆에서 직선으로 곧게 펴고 原形과는 상당히 멀어지게 되었다. '罠', '衆'과 같은 글자 는 '目'部 세로로 바꾸지 않고 그대로 가로 쓰고 있다.

屬字 眼(눈 안), 相(서로 상), 眷(돌아볼 권), 盲(소경 맹)

100

眀(jù) (九遇切 – 구우절) (구)

左右視也. 從二目. 凡眀之屬皆從眀. 讀若拘, 又若良士瞿瞿.

좌우로 보는 것이다. 두 개의 目다을 다른. 拘(구)처럼 읽고 또 ‘良士 瞿瞿’의 瞿(구)와 같게 읽는다.

說明 甲骨文에는 보이지 않고, 金文에는 로 되어 있어, 좌우 두 눈으로 살펴봄을 뜻한다.[55] 徐灝는 『說文解字注箋』에서 “左右視라고 하는 것은 놀라서 쳐다보는 상태”라고 하였다. 孔穎達은 『正義』에서 “瞿瞿, 시선이 빠른 모양”이라고 하였다.

101

眉(méi) (武悲切 – 무비절) (눈썹 미)

目上毛也. 從目, 象眉之形, 上象頟理也. 凡眉之屬皆從眉.

눈 위의 털이다. 目을 따르며, 눈썹의 모양과 같으며, 위는 이마와 같다.

說明 甲骨文 , 은 눈과 눈썹을 그린 것으로 小篆과는 좀 다르다. 小篆에서 위의 ‘∧’에 대하여 許愼은 ‘이마’라고 하였는데 정확하지 않다. 本部에는 ‘省’字 하나만 수록되어 있는데 許愼은 ‘眉’의 생략이라고 하였으나, 실제는 ‘眚’의 異體 分化字이며 ‘눈썹’과는 아무런 관련이 없다.[56]

屬字 省(살필 성)

---

55) 董蓮池, 『說文部首形義通釋』(중국, 東北師範大學出版社), p.83.
56) 上揭書, p.84.

102

盾

盾(dùn) (食問切 – 식문절) (방패 순)

瞂也. 所以扞身蔽目. 象形. 凡盾之屬皆從盾.

방패이다. 이로써 몸을 막고 눈을 가린다. 상형이다.

說明 甲骨文에는 보이지 않고 西周金文에는 로 되어 있다. 자형을 관찰해 보면 몸을 막는다는 뜻으로 '人'을, 눈을 가린다는 뜻으로 '目'을 사용하여 만든 會意字이다.[57) 象形이라고 한 許說은 정확하지 않다.

屬字 瞂(방패 벌)

103

自

自(zì) (疾二切 – 질이절) (스스로 자)

鼻也. 象鼻形. 凡自之屬皆從自.

코이다. 코의 모양과 같다.

說明 甲骨文은 인데 코의 모양으로 小篆과 자형이 유사하다. 사람은 자신을 가리킬 때 코를 가리키는 이유로 자신을 칭하는 뜻으로 假借되고 나중에 鼻가 생겨 本義를 나타냈다. 本部에는 하나의 屬字가 수록되어 있는데 현대문에는 보이지 않으며, 形, 音이 분명하지 않다.

104

白

白(zì) (疾二切 – 질이절) (코 지)

此亦自字也. 省自者, 詞言之气從鼻出, 與口相助也. 凡白之屬皆從白.

이것 역시 自자이다. 自를 생략한 것이다. 말할 때 코로부터 김이 나옴은 입과 相助하는 것이다.

---

57) 上揭書, pp.84~85.

說明	甲骨文의 자형은 ㉑으로, 自와 같으며 說文에서도 역시 自의 異體字라고 하였다. 許愼은 字形을 분석함에 있어서 "詞言之气從鼻出, 與口相助也"라고 하였는데 정확하지 않다.
屬字	皆(다 개), 魯(노둔할 로), 者(놈 자), 百(일백 백)

105

鼻

鼻(bí) (父二切 - 부이절) (코 비)

引气自畀也. 從自畀. 凡鼻之屬若從鼻.

공기를 끌어들여 자기 몸에 사용하게 하는 기관이다. 自와 畀를 따른다.

說明	甲金文에는 보이지 않는다. 戰國시대에 이르러 '自'에 '畀'성을 추가하여 '鼻'자가 만들어져 '自'는 자기를 가리키는 뜻으로 假借되고 '鼻'는 '自'의 本義인 코를 가리키게 되었다.[58] 즉 '自'의 甲骨文이 '鼻'의 初文이다. 許愼은 "引气自畀也, 從自畀"와 같이 會意字로 분석하고 있는데 따를 바가 못 된다.

106

皕

皕(bì) (彼力切 - 피력절) (이백 벽)

二百也. 凡皕之屬皆從皕. 讀若祕.

二百이다. 秘와 같이 읽는다.

說明	甲骨文에는 보이지 않고 金文은 ㉑으로,[59] 小篆과 자형이 같다. 饒炯은 『說文解字部首訂』에서 "이 篆文은 그 형태를 보고 뜻을 알 수 있다. 廿은 20이고, 卅은 30인 것과 같다."고 하였다. 즉 '皕'은 두 개의 百이 합쳐져 하나의 글자를 형성하고 하나의 音을 가진 것이다.
屬字	奭(클 석)

---

58) 上揭書, p.86.
59) 徐无聞주편, 『甲金篆隷大字典』(四川辭書出版社, 1996), p.229.

107

習(xí) (似入切 - 사입절) (익힐 습)

數飛也. 從羽, 從白. 凡習之屬皆從習.
'새가 아주 익숙하게 날다.'라는 뜻이다. 羽와 白을 따른다.

說明 甲骨文의 字形은 𦏴으로 日을 따른다. 郭沫若은 "이 字는 분명히 羽
와 日을 따른다. 해가 맑은 날에 새가 날기를 배우는 것이다. 許愼은
'日'이 '白'으로 변화된 것을 몰랐다."라고 해석하였다.[60] 그러나 卜
辭를 고찰해 보면 日을 따르는 것은 확실하나, 羽는 𦐇와 같이 쓰고
있으므로 羽를 따르는 것도 아니다. 戰國時代에 이르러서야 羽를 𦐇
와 같이 쓰고 있으니 '習'은 나중에 나온 글자임이 분명하다.

屬字 翫(가지고 놀 완)

108

羽(yǔ) (王矩切 - 왕구절) (깃 우)

鳥長毛也. 象形. 凡羽之屬皆從羽.
새의 긴 털이다. 상형이다.

說明 甲骨文은 𦐇이며, 날개의 모양을 그린 것인데 小篆과는 자형이 다르
다. 戰國時代에 이르러서야 𦐇으로 썼으며, 小篆과 자형이 같게 되었
다. '鳥長毛'라고 한 許說은 本義가 아니다.

屬字 翠(물총새 취), 翁(늙은이 옹), 翔(빙빙 돌아날 상)

---

60) 郭沫若, 『卜辭通纂』(中國, 科學出版社, 1983), p.156.

109

隹(zhuī) (職追切 – 직추절) (새 추)

鳥之短尾總名也. 象形. 凡隹之屬皆從隹.
꼬리가 짧은 새의 총칭이다. 상형이다.

說明 甲骨文은 🦅으로, 새를 그린 것이다. 羅振玉은 "蓋隹, 鳥古本一字筆畫
有繁簡耳, 許以隹爲短尾鳥之總名, 鳥爲長尾禽之總名, 然鳥尾長者莫如雉
與雞, 而並從隹, 尾之短者莫如鶴鷺鳧鴻, 而均從鳥, 可知强分之之未爲得
矣."라고 하여 許愼의 해설을 부정하였다.[61]

屬字 雀(참새 작), 雕(독수리 조), 雁(기러기 안), 雄(수컷 웅)

110

奞(suī) (息遺切 – 식유절) (새 휴)

鳥張毛羽自奮也. 從大, 從隹. 凡奞之屬皆從奞. 讀若睢.
새가 날개를 펴고 날갯짓을 하는 모양이다. 大와 隹를 따른다. 睢(휴)와
같게 읽는다.

說明 甲骨文에는 보이지 않고 金文에는 부수로 사용된 경우만 보인다. 屬
字 奪과 奮의 金文은 🦅, 🦅으로, 모두 새(隹)가 옷(衣) 속에 있는 형상
이다. 衣가 점차 변화되어 '大'字로 되었는데 許愼은 그것을 모르고
'大'를 따른다고 하였으니 잘못된 것이다. 林義光은 『文源』에서 "衣
를 따르는 것은 긴 털이 나 있는 모양이다."고 하였다.[62]

屬字 奪(빼앗을 탈), 奮(떨칠 분)

61) 于省吾, 『甲骨文字詁林』(中華書局, 1996), p.1667.
62) 董蓮池, 『說文部首形義通釋』(中國, 東北師範大學出版社), p.90.

111

雚(huán) (胡官切 – 호관절) (새 환)

鴟屬. 從隹, 從吅. 有毛角. 所鳴, 其民有尚旡. 凡雚之屬皆從雚. 讀
若和.

올빼미 종류이다. 隹와 吅를 따른다. 머리에 簇毛가 있는데 뿔과 같다.
이 새가 울면 그 집에 재난이 있다. 和와 같게 읽는다.

說明 甲骨文은 으로, 머리에 뿔 모양의 긴 털이 있는 새의 모양으로 獨
體象形이다. 許愼이 合體會意字로 분석하는 것은 잘못된 것이다. 현
대 사전에는 '풀 많을 추'로 해석하고 있는데 잘못된 것이다.

屬字 萑(황새 관), 舊(예 구)

112

吅(guǎi) (工瓦切 – 공와절)

羊角也. 象形. 凡吅之屬皆從吅. 讀若乖.
양의 뿔이다. 상형이다. 乖와 같이 읽는다.

說明 甲金文에는 보이지 않으나 羊의 甲骨文字形이 이므로 양의 뿔과
흡사하다. 두 귀를 표시하는 ∨를 없애고 전문 羊의 뿌리를 나타내
고 있다. 현대문에는 없는 글자이다.

屬字 乖(어그러질 괴)

113

苜(miè) (徒結切 – 도결절)

目不正也. 從吅, 從目. 凡苜之屬皆從苜. 莧從此. 讀若末.
눈이 똑바르지 않는 것을 말한다. 吅와 目을 따른다. 莧이 이를 따른다.
末과 같게 읽는다.

| 說明 | 甲金文에는 모두 보이지 않는다. 蔑의 부수로 사용된 경우는 있는데 |

說明 甲金文에는 모두 보이지 않는다. 蔑의 부수로 사용된 경우는 있는데 𦉳(眉)와 비슷한 형태를 보이고 있다. 許說 중의 '目不正'은 눈이 비뚤어 똑바로 볼 수 없음을 뜻한다.[63]

屬字 瞢(어두울 몽), 蔑(업신여길 멸)

114

羊

羊(yáng) (與章切 – 여장절) (양 양)

祥也. 從𦍌, 象頭角足尾之形. 孔子曰: 牛羊之字以形擧也. 凡羊之屬皆從羊.

길하다는 뜻이다. 𦍌을 따르며, 머리의 뿔과 네 개의 발과 꼬리의 형상을 본뜬 것이다. 공자가 이르기를 "'牛, 羊'자는 모양을 본뜬 글자이다."라고 했다.

說明 甲骨文은 𦍋으로 정면으로 본 양의 머리의 뿔과 두 귀를 그린 것이다. 許愼이 '羊, 祥也'라고 한 것은 양이 성질이 온순하여 吉祥의 의미가 있어 假借義로 쓰인 것[64]이지 本義는 아니다.

屬字 羔(새끼 양 고), 羸(여윌 리), 羣(무리 군), 美(아름다울 미)

115

羴

羴(shān) (式連切 – 식련절) (양의 노린내 전)

羊臭也. 從三羊. 凡羴之屬皆從羴.

양의 냄새다. 세 개의 羊을 따른다.

說明 甲骨文 자형은 𦍋과 같이, 양 세 마리 혹은 네 마리를 그렸다. 斷玉裁는 "羊이 많으면 羊의 냄새가 난다. 그런고로 세 개의 羊을

---

63) 上揭書, p.92.
64) 李徹, 「說文部首硏究」(國立臺灣師範大學 석사학위논문, 民國 76年), p.71.

따랐을 것이다."고 하였다.[65) 俞樾은 "'양의 냄새'는 '羴'字로 표시하고, '羴'은 '群羊'의 뜻을 나타낸다. 마치 '雥'은 '群鳥'를 뜻하고, '驫'는 '群馬'를 뜻하는 것과 같다."고 하였는데 일리가 있다.[66)

屬字　羼(양이 뒤섞일 찬)

116

瞿

瞿(jù) (九遇切 – 구우절) (볼 구)

鷹隼之視也. 從隹從䀠, 䀠 亦聲. 凡瞿之屬皆從瞿. 讀若章句之句.
매가 응시하는 모습이다. 隹와 䀠을 따르고, 䀠은 또한 소리이다. '章句'의 句처럼 읽는다.

說明　甲金文에는 모두 보이지 않는다. 䀠은 응시한다는 뜻이므로 說文에서 위와 같이 해석하였을 것이다. '瞿'는 '䀠'의 轉注字이다.

屬字　戄(두리번거릴 확)

117

雔

雔(chóu) (市流切 – 시류절) (새 한 쌍 수)

雙鳥也. 從二隹. 凡雔之屬皆從雔. 讀若酬.
한 쌍의 새이다. 두 개의 隹를 따른다. 酬처럼 읽는다.

說明　甲骨文에는 보이지 않고 金文에는 새가 마주 서 있는 모습이다. '霍'의 甲骨文은 세 개의 '隹'를 따르고, 金文은 두 개를 따르는 것도 있는데, 두 개나 세 개나 모두 '새의 무리'를 나타낸다.

屬字　靃(빗속을 새 나는 깃 소리 확), 雙(쌍 쌍)

---

65) 斷玉裁, 『說文解字注』(上海古籍出版社, 1988), p.147.
66) 董蓮池, 『說文部首形義通釋』(中國, 東北師範大學出版社), p.94.

118

雥(zá) (徂合切 – 조합절) (새 떼 지어 모일 잡)

群鳥也. 從三隹. 凡雥之屬皆從雥.

새의 무리이다. 세 개의 隹를 따른다.

說明 甲骨文 자형은 으로, 세 마리의 새를 그린 것이며 小篆과 자형이 같다. 새들이 모여 있는 것을 뜻한다.

屬字 集(모일 집) – 雥을 생략한 것이다.

119

鳥(niǎo) (都了切 – 도료절) (새 조)

長尾禽總名也. 象形. 鳥之足似匕, 從匕. 凡鳥之屬皆從鳥.

긴 꼬리의 날짐승의 총칭이다. 상형이다. 새의 발은 匕와 비슷하며, 匕를 따른다.

說明 甲骨文의 자형은 으로, 새를 그린 것이다. 隹보다는 더 상세하게 그렸다. 許愼은 '隹'에 대해서는 '鳥之短尾總名'이라 하고 '鳥'에 대해서는 '長尾禽總名'이라고 해설하고 있는데 정확하지 않다.[67] 두 자는 甲骨文에서는 同一字로, 모두 새를 그린 것이다.

屬字 鳳(봉새 봉), 鳩(비둘기 구), 鴻(큰기러기 홍), 鳴(울 명)

120

烏(wū) (哀都切 – 애도절) (까마귀 오)

孝鳥也. 象形. 孔子曰: 烏, 盱呼也. 取其助气, 故以爲烏呼. 凡烏之屬皆從烏.

---

67) 本文 109번째 部首 '隹'의 해설을 참고.

考鳥이다. 상형이다. 공자가 이르기를 '烏, 盼呼'라고 했다. 그것을 빌려 '烏呼'라 했을 것이다.

說明 甲骨文에는 보이지 않고 金文은 ▮로, 새의 모양이다. 烏의 初文과 비슷한 것으로, 烏에서 점차 분화된 것이다. 까마귀의 일종으로, 새끼가 크면 어미를 먹여 살리는 새라 하여 考鳥라 부른다.

屬字 舃(까치 작), 焉(어찌 언)

121

苹(bān) (北潘切 – 북반절)

箕屬. 所以推棄之器也. 象形. 凡苹之屬皆從苹. 官溥說.
키의 종류이다. 찌꺼기를 가려 버리는 도구이다. 상형이다. 관부설.

說明 甲骨文에는 ▮이다. 甲骨文字典에 의하면, 이는 畢(그물)의 初文으로, 긴 자루에 그물이 있어 새나 짐승을 잡는 공구라고 하였다. 徐中舒의 解釋에 따른다면 許說의 '箕屬, 所以推棄之器'는 정확하지 않다.

屬字 畢(마칠 필), 糞(똥 분), 棄(버릴 기)

122

冓(gòu) (吉候切 – 길후절) (짤 구)

交積材也. 象對交之形. 凡冓之屬皆從冓.
재목들을 교차로 쌓아놓은 것이다. 서로 교차된 모습이다.

說明	甲骨文은 ✕으로, 두 마리의 고기가 만나는 형상이다. '交積材也, 象對交之形'이라는 說文解說은 정확하지 않다.[68]
屬字	再(두 재)

123

幺(yāo) (於堯切 – 어요절) (작을 요)

小也. 象子初生之形. 凡幺之屬皆從幺.

작다는 뜻이다. 갓난아이의 형상이다.

說明	甲骨文은 ❁으로, 작은 실 묶음의 형상이며 許愼의 해설 '象子初生之形'은 정확하지 않다.[69] 字形은 같다.
屬字	幼(어릴 유)

124

丝(yōu) (於虯切 – 어규절) (작을 유)

微也. 從二幺. 凡丝之屬皆從丝.

미세하다는 뜻이다. 두 개의 幺를 따른다.

說明	甲骨文은 ❁❁으로 두 개의 幺를 그린 것으로 小篆과 자형이 같다. '작은 중에서도 작은 것'을 나타내는 會意字이다.
屬字	幽(그윽할 유), 幾(기미 기)

---

68) 徐中舒, 『甲骨文字典』(중국, 四川辭書出版社), p.443.
69) 董蓮池, 『說文部首形義通釋』(중국, 東北師範大學出版社), p.99.

125

叀(zhuān) (職緣切 – 직연절) (오로지 전)

專, 小謹也. 從么省. 屮, 財見也. 屮亦聲. 凡叀之屬皆從叀.
오로지, 조심하다는 뜻이다. 么를 생략한 것을 따르며, 屮은 재물이 보
인다는 의미이다. 屮 또한 소리이다.

說明 甲骨文은 ❖형으로, 실패의 모양이며 塼의 初文이다. 許愼의 자형, 자
의분석은 따를 바가 못 된다.[70] 현대문에서 '叀'은 폐하고 '專'으로
쓰고 있다.

屬字 惠(은혜 혜), 疐(꼭지 체)

126

玄(xuán) (胡涓切 – 호연절) (검을 현)

幽遠也. 黑而有赤色者爲玄, 象幽而入覆之也. 凡玄之屬皆從玄.
아득하다는 뜻이다. 검고 붉은 것을 나타내는 것을 玄이라 한다. 너무
아득해서 무엇인가에 덮인 듯함이다.

說明 甲骨文에는 보이지 않는다. 玄은 초기에는 么와 같이 ❖로 쓰였으나
점차 변화되어 ❖와 같이 쓰이게 되었다.[71]

屬字 玆(이 자)

127

予(yù) (余呂切 – 여려절) (나 여)

推予也. 象相予之形. 凡予之屬皆從予.
손으로 밀어서 주는 것이다. 서로 주는 것을 뜻한다.

---

70) 上揭書, p.100.
71) 上揭書, p.100.

甲骨文에서는 보이지 않으나 董蓮池는 '呂'字가 점차 변화된 것으로

보고 있다.[72] '呂'字의 甲骨文은 ㅎ이다.

屬字 舒(펼 서), 幻(변할 환)

128

筑

放(fàng) (甫妄切 – 보망절) (놓을 방)

逐也. 從攴, 方聲. 凡放之屬皆從放.

내쫓다는 뜻이다. 攴를 따르며, 方성이다.

說明 甲骨文에는 보이지 않는다. 龔自珍은 『說文段注札記』에서 "攴으로 내

쫓는 것이다."라고 하였고, 徐鍇는 『說文解字繫傳』에서 "옛날에 臣이

죄가 있으면 멀리 보냈다."고 하였다.

屬字 敖(놀 오), 敫(노래할 교)

129

受

受(piáo) (平小切 – 평소절) (표)

物落, 上下相付也. 從爪, 從又. 凡受之屬皆從受. 讀若『詩』'摽有梅'

물건이 아래로 떨어지는 것인데, 위와 아래에서 서로 주고받는 것을 뜻

한다. 爪와 又를 따른다. 『시경』의 '摽有梅'의 摽(표)처럼 읽는다.

說明 甲骨文에서 단독으로 쓰인 경우는 찾아볼 수 없으나 屬字인 爰이나 受

를 살펴보면 위에서 물건을 주고 아래에서 받는 형상을 그린 것이다.

屬字 爰(이에 원), 受(받을 수), 爭(다툴 쟁)

---

72) 上揭書, p.101.

130

歹(cán) (昨干切 - 작간절) (해칠 잔)

殘穿也. 從又, 從歺. 凡歹之屬皆從歹. 讀若殘.

죽이고 해친다는 뜻이다. 又와 歺을 따른다. 殘처럼 읽는다.

說明 甲骨文은 𣥂으로, 자형이 小篆과 같다. 歺을 따르는 것은 해를 당하여 뼈가 발림을 뜻하고, 又를 따르는 것은 손으로 해친다는 뜻으로 會意字이다. 현대문에는 보이지 않고 '殘'에 그 뜻을 두고 있다.

屬字 叡(밝을 예)

131

歺(è) (五割切 - 오할절) (부서진 뼈 알)

剔骨之殘也. 從半骨. 几歺之屬皆從歺. 讀若櫱岸之櫱.

뼈가 발리고 부스러짐을 뜻한다. 骨의 반쪽을 따른다. '櫱岸'의 櫱(얼)처럼 읽는다.

說明 甲骨文은 𠁼으로, 부서진 뼈를 상형한 것이다. 小篆과 字形, 字意가 같다.

屬字 殆(위태할 태), 殃(재앙 앙), 殘(해칠 잔), 殖(번성할 식)

132

死(sǐ) (息姊切 - 식자절) (죽을 사)

澌也. 人所離也. 從歺, 從人. 凡死之屬皆從死.

없어지다는 뜻이다. 사람이 떠나는 것을 말한다. 歺과 人을 따른다.

說明 甲骨文은 𠦪인데, 사람이 썩은 뼈 옆에서 절을 하는 모습이다. 小篆의 자형과 같다.[73)

屬字 薨(죽을 홍)

133

骨(guǎ) (古瓦切 – 고와절) (뼈 과)

剔人肉, 置其骨也. 象形. 頭隆骨也. 凡骨之屬皆從骨.
사람의 살을 발라내어 뼈만 남은 것이다. 상형이다. 두개골이다.

說明 甲骨文의 자형은 ㄓ으로, 卜辭용 소 肩胛骨의 형태이다.[74] 실제는 '骨'의 初文이다. 사람의 살을 발라낸 뼈의 형상으로는 보이지 않는다.

屬字 別(나눌 별)

134

骨(gǔ) (古忽切 – 고홀절) (뼈 골)

肉之覈也. 從骨有肉. 凡骨之屬皆從骨.
고기 속의 核이다. 骨와 肉을 따른다.

說明 甲金文에는 보이지 않는다. 나중에 나온 글자로, 뼈에 살(肉)을 추가한 것인데 그 初文은 骨이다.

屬字 骸(뼈 해), 體(몸 체), 脛(걸릴 경), 骼(뼈 격)

135

肉(ròu) (如六切 – 여육절) (고기 육)

胾肉. 象形. 凡肉之屬皆從肉.
고깃덩어리이다. 상형이다.

73) 徐中舒, 『甲骨文字典』(중국, 四川辭書出版社), p.463.
74) 上揭書, p.464.

| 說明 | 甲骨文은 **刀**으로, 小篆보다 한 획이 적으며, 金文은 **夕**으로 小篆과 같다. 모두 고기의 무늬를 상형한 것이다. 小篆에서는 月의 자형 역시 肉의 자형과 같이 구별이 힘들다. |

說明 甲骨文은 **刀**으로, 小篆보다 한 획이 적으며, 金文은 **夕**으로 小篆과 같다. 모두 고기의 무늬를 상형한 것이다. 小篆에서는 月의 자형 역시 肉의 자형과 같이 구별이 힘들다.

屬字 肌(살 기), 脣(입술 순), 背(등 배), 肖(닮을 초)

136

筋(jīn) (居銀切 – 거은절) (힘줄 근)

肉之力也. 從力, 從肉, 從竹. 竹, 物之多筋者. 凡筋之屬皆從筋.

고기 속의 힘을 내게 하는 것이다. 力과 肉과 竹을 따른다. 竹은 사물 중에서 筋이 많은 것이다.

說明 甲金文에 모두 보이지 않는다. 竹과 力의 의미를 추가하여 '肉之力'이라는 뜻이 생겼다. 후세에 나온 會意字이다.[75]

137

刀(dāo) (都牢切 – 도뢰절) (칼 도)

兵也. 象形. 凡刀之屬皆從刀.

병기이다. 상형이다.

說明 甲骨文은 **夕**로, 칼의 형상이며 小篆과 자형이 같다. 許說에서 '兵'이라 함은 '兵器'를 뜻하는 것이다.

屬字 利(날카로울 리), 剪(자를 전), 剛(굳셀 강), 切(끊을 절)

---

75) 董蓮池, 『說文部首形義通釋』(중국, 東北師範大學出版社), p.107.

138

刃(rèn) (而振切 – 이진절) (칼날 인)

刀堅也. 象刀有刃之形. 凡刃之屬皆從刃.

칼의 날카로운 부분을 뜻한다. 칼의 날이 있는 형태이다.

說明 甲骨文의 字形은 ⅁으로, '、'은 刀에 날이 있음을 뜻하는 符號로, '刃'은 指事字이다. 小篆과 자형이 같다.

屬字 劒(칼 검)

139

剞(qià) (恪八切 – 각팔절)

巧剞也. 從刀, 丰聲. 凡剞之屬皆從剞.

정교하게 새긴 것이다. 刀를 따르며, 丰성이다.

說明 甲骨文 자형은 剞로, 칼로 문양을 새긴 것을 가리킨다. 丰은 칼로 새긴 무늬를 뜻하는 것이므로 會意字이다. 許愼이 形聲字로 분석한 것은 잘못된 것이다.[76] 현대문에는 보이지 않고 '㓞'에 그 뜻을 부여하였다.

屬字 㓞(새길 계) 발음은 <恪八切 – 각팔절>로 "갈"인데 우리말의 "글"을 뜻하는 契과 발음과 뜻이 흡사함으로 契의 초문으로도 추정된다.

140

丰(jiè) (古拜切 – 고배절) (개)

艸蔡也. 象艸生之散亂也. 凡丰之屬皆從丰. 讀若介.

지푸라기를 뜻한다. 풀이 어지러이 자란 모양을 나타낸 것이다. 介(개)처럼 읽는다.

---

76) 上揭書, p.108.

甲骨文은 **丰**의 형태로 小篆과 자형이 같다. 옛날에는 '書'가 있기 전에 '契'가 있었다. 칼로 대나무 등에 글을 새긴 것으로 알고 있는데, '丰'이 곧 '契'이다.[77] 許說은 정확하지 않다. "艸蔡也, 象艸生之散亂"은 후세의 사람들이 잘못 알고 해석한 것이다. 屬字에는 '丰各'字 하나만 수록되어 있다.

141

耒(lěi) (盧對切 – 로대절) (쟁기 뢰)

手耕曲木也. 從木推丰. 古者垂作耒耜, 以振民也. 凡耒之屬皆從耒.
밭갈이하는 曲木이다. 木으로 丰을 미는 것을 따른다. 옛사람 垂가 耒와 耜를 만들어 주어 백성들을 분발하게 하였다.

說明 甲骨文은 **丈**으로, 마치 밭갈이하는 농기구의 형태와 같다. 小篆과는 자형이 다르다. 獨體象形이며 許愼의 字形 분석은 정확하지 않다.

屬字 耕(밭갈 경), 耦(짝 우), 耤(적전 적)

142

角(jiǎo) (古岳切 – 고악절) (뿔리 각)

獸角也. 象形. 角與刀, 魚相似. 凡角之屬皆從角.
짐승의 뿔이다. 상형이다. 角과 刀, 魚는 비슷하다.

說明 甲骨文은 **角**으로, 동물 뿔의 형상이다. 小篆과는 자형이 다르다. 春秋時代의 石鼓文에 이르러 小篆의 형태와 비슷하게 변하였다. 許說에서 "角與刀、魚相似"라 함은 小篆에만 의한 잘못된 분석이다.[78]

屬字 觿(뿔심 새), 觸(닿을 촉), 衡(저울대 형), 解(풀 해)

---

77) 上揭書, p.109.
78) 上揭書, p.110.

143

竹(zhú) (陟玉切 - 척옥절) (대 죽)

冬生艸也. 象形. 下垂者, 箁箬也. 凡竹之屬皆從竹.

겨울에 자라는 풀이다. 상형이다. 아래로 드리운 것은 죽순 껍질이다.

說明 甲骨文에서 단독으로 쓰인 경우는 보이지 않고 金文의 자형은 ψψ으로 되어 있는데 마치 대나무의 잎과 같다. 許說에서 "아래로 드리운 것은 죽순 껍질"이라고 하였는데 정확하지 않다.[79] 饒炯은 『說文解字部首訂』에서 "竹은 艸類에 속한다. 겨울을 이겨내며 시들지 않기에 '冬生艸'라고 하였을 것이다."라고 하였다.

屬字 筍(죽순 순), 箬(대껍질 약), 節(마디 절), 等(가지런할 등)

144

箕(jī) (居之切 - 거지절) (키 기)

簸也. 從竹, 甘, 象形. 下其丌也.

'까부르다'라는 뜻이다. 竹과 甘를 따르며 상형이다. 아랫부분의 其는 丌이다.

說明 甲骨文의 자형은 甘로, 小篆에 비하여 竹과 丌가 없다. 초기에는 箕의 모양을 그린 象形字였으나 나중에 대나무로 만들어졌다는 뜻으로 竹을 첨가하고, 丌의 소리를 첨가하여 形聲字로 변화되었다.

屬字 簸(까부를 파)

---

[79] 董蓮池, 『說文部首形義通釋』(中國, 東北師範大學出版社), p.111.

145

丌(jī) (居之切 – 거지절) (대 기)

下基也. 薦物之丌, 象形. 凡丌之屬皆從丌. 讀若箕同.

밑의 기초이다. 供物하는 臺를 말하며, 상형이다. 箕와 같이 읽는다.

說明 甲金文에 단독으로 쓰이는 경우는 보이지 않고 部首로 사용된 경우
는 보이나 그 字形이 모두 다르다. 丌는 위가 평평하고 아래는 다리
가 있어서 그 위에 제물을 차릴 수 있는 상이다.

屬字 典(법 전), 丽(줄 비), 奠(제사 지낼 전)

146

左(zuǒ) (則箇切 – 즉개절) (왼 좌)

手相左助也. 從𠂇, 工. 凡左之屬皆從左.

손으로 일을 돕는다는 뜻이다. 𠂇와 工을 따른다.

說明 甲骨文의 자형은 𠂇으로 왼손을 그린 것인데 小篆보다 工이 적다. 西
周 시기부터 ‘工’部를 추가하여 ‘왼쪽’을 나타내기도 하고, ‘補佐’의
뜻도 가지게 되었다. 후에 ‘人’부를 증가시켜 ‘佐’를 만들어 ‘돕다’의
의미를 나타내게 하고, ‘左’는 전문 ‘왼쪽’이라는 방향을 나타내게
되었다.[80] 갑문의 자형은 왼손의 모습이다. 그러나 이미 단순화되어
문자부호로 발전해 왔다. 金文에서부터 左로 쓰기 시작했다.

屬字 差(어긋날 차)

---

80) 上揭書. pp.114~115.

147

工(gōng) (古紅切 – 고홍절) (장인 공)

巧飾也. 象人有規榘也. 與巫同意. 凡工之屬皆從工.

정교하게 꾸미는 것이다. 사람이 規(원을 그리는 잣대) 혹은 榘(곱자)를
가지고 있는 모양이다. 巫와 같은 뜻이다.

說明 甲骨文은 工, 吕으로, 徐中舒는 示의 甲骨文인 吕을 생략한 것이라고
하였다.[81] 董蓮池은 『說文部首形義通釋』에서 "무당이 天地를 장악하
는 일종의 法器인데, 후에 점차 '工作, 工巧, 法式, 善長' 등의 의미가
引申되었다."고 하였다. 李徹은 『說文部首研究』에서 "원을 그리는 제
구의 형상"이라고 하였다. 아무튼 '巧飾'은 引申義이다.

屬字 式(법 식), 巧(공교할 교), 巨(클 거)

148

卅(zhǎn) (知衍切 – 지연절) (펼 전)

極巧視之也. 從四工. 凡卅之屬皆從卅.

극히 정교하게 보임을 뜻한다.

說明 甲金文에는 用例가 보이지 않는다. 工은 정교하게 꾸민다는 뜻인데,
四개의 工을 합하면 더욱 정교하다는 뜻이다. 지금은 없어진 글자이
며, 展에 本義가 남아 있다. 本部에는 하나의 屬字가 수록되어 있지
만 현대문에는 보이지 않는다.

---

81) 徐中舒, 『甲骨文字典』(중국, 四川辭書出版社), p.494.

149

巫(wū) (武扶切 – 무부절) (무당 무)

祝也. 女能事無形, 以舞降神者也. 象人兩褎舞形, 與工同意. 古者巫
咸初作巫. 凡巫之屬皆從巫.

신을 섬기는 일을 業으로 하는 사람을 가리킨다. 여자가 춤으로써 신을
내리게 함이다. 두 사람이 화려한 옷을 입고 춤을 추는 모습이며 工과
같은 뜻이다. 옛사람 巫咸이 처음으로 '巫'를 만들었다.

說明 甲骨文의 자형은 이다. 小篆과 다르며, 許愼의 "女能事無形, 以舞降
神者"라고 한 字形解說은 小篆에만 의한 분석이므로 정확하지 않다.
董蓮池는 '法器'의 형태라고 하였다.[82]

屬字 覡(박수 격 – 남자 무당)

150

甘(gān) (古三切 – 고삼절) (달 감)

美也. 從口, 含一. 一, 道也. 凡甘之屬皆從甘.

美이다. 一을 품은 口를 따른다. 一은 道이다.

說明 甲骨文의 자형은 으로, 小篆과 같다. 입안에 음식물을 넣고 씹어
맛보는 형상을 본뜸으로써 음식물의 甘味를 나타낸다. 一은 입안의
음식물을 뜻한다. "一은 道也."라고 한 許說은 정확하지 않다.

屬字 甜(달 첨), 猒(물릴 염), 甚(심할 심)

---

82) 董蓮池, 『說文部首形義通釋』(중국, 東北師範大學出版社), pp.116～117.

151

曰(yuē) (王伐切 – 왕벌절) (가로 왈)

詞也. 從口, 乙聲. 亦象口气出也. 凡曰之屬皆從曰.

조사이다. 口를 따르며, 乙성이다. 曰은 입 – 위로 숨(氣)이 나오는 모양을 본뜬 것이다.

說明 　甲骨文의 자형은 ᄇ으로, 사람의 입으로부터 소리가 흘러나옴을 뜻하는 것으로 本義는 '말하다'이다. 자형은 小篆과 유사하다. 許愼이 '詞'라고 한 것은 假借義의이다. 春秋 이후부터 小篆과 같은 형태로 썼으며 '乙'聲을 따른다는 許說은 정확하지 않다.[83]

屬字 　曷(어찌 갈), 朁(일찍이 참), 沓(유창할 답), 曹(마을 조)

152

乃(nǎi) (奴亥切 – 노해절) (이에 내)

曳詞之難也. 象气之出難. 凡乃之屬皆從乃.

말을 빼기 어려움을 나타낸 것이다. 숨이 나오기 어려워하는 모양을 본뜬 것이다.

說明 　甲骨文의 字形은 ᄀ으로, 小篆과 같으며, 여인의 乳房의 측면 형태를 그린 것으로 '奶'의 初文이라고 한다.[84] 혹자는 '扔'의 初文이라고도 한다. 아무튼 許說 '曳詞之難'은 本義가 아니다. '象气之出難'이라는 자형분석도 역시 그릇된 것이다[85].

---

83) 上揭書, p.118.
84) 徐中舒, 『甲骨文字典』(中國, 四川辭書出版社), p.500.
85) 董蓮池, 『說文部首形義通釋』(中國, 東北師範大學出版社), p.119.

153

丂(kǎo) (苦浩切 – 고호절)

气欲舒出, 勹上礙於一也. 丂, 古文以爲亐字, 又以爲巧字. 凡丂之屬皆
從丂.

숨이 위로 나오려 함이며, 一은 그 숨을 가로막아 차단함이다.

丂는 고문에서는 亐로, 또 巧로 쓰기도 하였다.

說明 甲骨文의 字形은 丁이며, 형상이 분명하지 않다. '斤'의 甲骨文 자형
과 부분적으로 유사하다. 그러므로 '柯'(도끼자루)의 初文일 것이다[86].

屬字 粤(말이 잴 병), 寧(편안할 녕)

154

可(kě) (肯我切 – 긍아절) (옳을 가)

肎也. 從口, 丂, 丂亦聲. 凡可之屬皆從可.

肎이다. 口와 丂를 따르며, 丂는 곧 聲이다.

說明 甲骨文은 叿로, 자형이 小篆과 같다. 그 형상이 분명하지 않아 初意를
알 수 없다. 丂의 자형은 丂와 대칭되므로 좌우 구별이 없는 고문에
서는 결국 같은 글자이다.

屬字 奇(기이할 기), 哿(좋을 가), 哥(노래 가)

155

兮(xī) (胡雞切 – 호계절) (어조사 혜)

語所稽也. 從丂, 八, 象气越亐也. 凡兮之屬皆從兮.

말을 머무르게 함이다. 丂와 八을 따르며, 숨이 위로 오름을 본뜬 것이다.

---

86) 上揭書, p.119.

甲骨文의 字形은 屮로, 小篆과 유사하나, 金文은 午로, 小篆과 같다. 本義는 분명하지 않으나 '語所稽'는 假借義이다.

義(숨 희), 乎(인가 호)

156

屮

号(hào) (胡到切 - 호도절) (부르짖을 호)

痛聲也. 從口, 在丂上. 凡号之屬皆從号.

痛聲이다. 'ㅁ'가 '丂' 위에 있는 것을 따른다.

說明 甲金文에 모두 보이지 않는다. 號를 생략한 것으로 오늘날에는 號를 쓰고 号는 폐하였다.[87]

屬字 號(부르짖을 호)

157

丂

丂(yú) (羽俱切 - 우구절) (어조사 우)

於也. 象气之舒丂, 從丂,從一. 一者, 其气平之也. 凡丂之屬皆從丂. 今變隸作于.

於이다. 숨이 위로 오르려 함을 본뜬 것이다. 丂와 一을 따른다. 一은 숨이 고름을 뜻한다. 예서로는 于로 쓴다.

說明 甲骨文의 字形은 千로, 小篆과는 유사하나, 오히려 '于'와 같다. 즉 '于'字이다. 介詞이며, 所在를 나타낸다.[88]

屬字 虧(이지러질 휴), 平(평평할 평)

---

87) 李徹, 「說文部首硏究」(國立臺灣師範大學 석사학위논문, 民國 76年), p.96.
88) 徐中舒, 『甲骨文字典』(중국, 四川辭書出版社), p.510.

158

旨(zhǐ) (職雉切 – 직치절) (맛있을 지)

美也. 從甘, 匕聲. 凡旨之屬皆從旨.

美이다. 甘을 따르며, 匕聲이다.

說明 甲骨文의 자형은 𝕝로, 小篆과 유사하나, 甘을 따르지 않고 口를 따른다. 形聲字로 보는 학자도 있고, 會意字로 보는 학자도 있다. 本部에는 하나의 屬字만 수록되어 있다.

屬字 嘗(맛볼 상)

159

喜(xǐ) (虛里切 – 허리절) (기쁠 희)

樂也. 從壴從口. 凡喜之屬皆從喜. 古文喜, 從欠, 與歡同.

즐거움이다. 壴와 口를 따른다. 고문 喜는 欠을 따르며, 歡과 같다.

說明 甲骨文의 字形은 𗁯로, 小篆의 자형과 같다. '壴'는 鼓의의 初文이다. 기뻐서 경축할 때에는 북이 있어야 하므로 '壴'를 따랐을 것이며, '口'를 가하여 '壴'와 구분하였다. 或說에는 '口'는 '입 口'라고 한다. 사람이 듣고 즐기면 '입이 웃고 얼굴이 밝아지므로' '壴'와 '口'를 따르는 회의자라고 한다.[89]

屬字 憙(기뻐할 희), 嚭(클 비)

160

壴(zhù) (中句切 – 중구절) (악기이름 주)

陳樂, 立而上見也. 從屮, 從豆. 凡壴之屬皆從壴.

---

89) 董蓮池, 『說文部首形義通釋』(中國, 東北師範大學出版社), p.124.

악기를 진열해 놓은 것인데, 세워 놓으면 위에 장식한 것을 볼 수 있다. 屮과 豆를 따른다.

說明 甲骨文의 字形은 북형로, 小篆의 자형과 유사하며, 세워져 있는 북을 그린 것이다. 위의 '屮'은 장식한 것이다. '壴'는 '鼓'의 初文이다. 나중에는 북 종류는 모두 '鼓'字로 통일하였고 '壴'는 단지 부수로만 사용하였다.[90]

屬字 尌(세울 주), 彭(성 팽), 嘉(아름다울 가)

161

壴(전서)

鼓(gǔ) (工戸切 – 공호절) (북 고)

郭也. 春分之音, 萬物郭皮甲而出, 故謂之鼓. 從壴, 支, 象其手擊之也. 凡鼓之屬皆從鼓.

郭이다. 춘분 시기의 음악이다. 춘분이 되면 만물이 껍질이 부어올라(鼓脹) 나오므로 鼓라고 불렀을 것이다.

說明 甲骨文은 북형인데, 小篆의 자형과 같으며, 손으로 막대기를 들고 북을 치는 형상이다. 郭이라 함은 鼓라는 악기는 가죽으로 네 면을 둘러 마치 성곽과도 같은 악기라는 뜻이다. 이는 聲訓으로서 북의 명칭의 유래와 형체의 특징을 알려 주는 것이다.

屬字 鼛(큰북 고), 鼖(큰북 분), 鼞(북소리 당), 鼘(북소리 연)

162

豈(전서)

豈(qǐ) (墟喜切 – 허희절) (어찌 기)

還師振旅樂也. 一曰: 欲也, 登也. 從豆, 微省聲. 凡豈之屬皆從豈.

스승이 돌아올 때 사용하는 악기이다. 바라다, 오르다의 뜻이다. 豆를

---

90) 上揭書, pp.124~125.

따르며 微를 생략한 소리를 따른다.

說明 甲金文에는 보이지 않는다. 小篆의 자형을 보면 壴와 유사하므로, 역시 북일 것이다. 胡光煒는 "山은 북에 장식한 것이며, 북을 쳐 가득 넘침을 경축한다. 그런고로 '還師振旅藥'이라 하였을 것이다."라고 하였다.[91]

屬字 憙(즐거울 개)

163

豆(dòu) (徒候切 – 도후절) (콩 두)

古食肉器也. 從口, 象形. 凡豆之屬皆從豆.

고대에 음식물을 담았던 그릇이다. 口를 따르며 상형이다.

說明 甲骨文은 묘형태로, 祭器의 모양이며, 小篆과 자형이 유사하다. 西周의 金文에서 小篆의 자형과 같이 변화되었다.

屬字 梪(독두나무 두), 登(오를 등)

164

豐

豊(lǐ) (盧啓切 – 노계절) (예도 례)

行禮之器也. 從豆, 象形. 凡豊之屬皆從豊. 讀與禮同.

예를 행할 때 사용하는 악기이다. 豆를 따르며 상형이다.

說明 甲骨文의 자형은 으로, 북(壴)에 옥(珏)을 장식한 모양이며, 豆를 따르는 것이 아니라 壴를 따른다. 역시 북이다. 本部에는 '豊弟'字만 수록되어 있는데 '酒器'라는 뜻이다.

---

91) 胡光煒, 『胡小石論文集三編』(上海古籍出版社, 1996), p.238.

165

豐(fēng) (敷戎切 – 부융절) (풍년 풍)

豆之豐滿者也. 從豆, 象形. 一曰：『鄕飮酒』有豐侯者. 凡豐之屬皆從豐.
큰 그릇을 가리킨다. 豆를 따르며 상형이다. 일설에는 『鄕飮酒』에 豐
侯가 있는데 그것을 가리킨다고 하였다.

說明 甲骨文은 으로, 豆를 따르는 것이 아니라 壴를 따른다. 그러므로 역
시 북을 그린 것이며, 오늘날 學者들의 연구에 따르면 '북 치는 소
리'를 나타낸 글자이다.[92] 일설에는 그릇 속에 보물이 있는 형태라
고도 하였다.[93] 金文은 으로, 豐의 甲骨文과 자형이 유사하다.

屬字 豔(고울 염 – 艶과 같은 자)

166

豈(xī) (許羈切 – 허기절) (옛날 그릇 희)

古陶器也. 從豆, 虍聲. 凡豈之屬皆從豈.
옛날 陶器이다. 豆를 따르며 虍聲이다.

說明 甲金文에 用例가 보이지 않는다. 王筠은 『說文句讀』에서 "무릇 '古器'
라 하는 것은 모두 오늘날에는 사용하지 않는다는 뜻이다."라고 하
였다. 현대문에서는 '虍'부에서 찾을 수 있다.

167

虍(hū) (荒烏切 – 황오절) (호피무늬 호)

虎文也. 象形. 凡虍之屬皆從虍.
호랑이 무늬이다. 상형이다.

---

92) 董蓮池, 『說文部首形義通釋』(中國, 東北師範大學出版社), p.128.
93) 徐中舒, 『甲骨文字典』(中國, 四川辭書出版社), p.523.

說明 甲骨文은 ⏊로, 호랑이의 예리한 이발을 특징으로 한 머리 부분을 그린 것이지 호랑이 무늬가 아니다. 許說의 '虎文'은 잘못된 해석이다.

屬字 虞(헤아릴 우), 虔(정성 건), 虖(울부짖을 호), 虐(사나울 학)

168

虎(hū) (呼古切 – 호고절) (범 호)

山獸之君. 從虍, 從儿. 虎足象人足. 象形. 凡虎之屬皆從虎.

산짐승 중의 왕이다. 虍와 儿을 따른다. 호랑이 발은 사람 발과 비슷하다. 상형이다.

說明 虎의 甲骨文 𧆞는 호랑이를 象形한 것이다. 金文 𧆞 역시 몸집이 큰 호랑이를 그린 象形字이다. 그럼에도 許愼은 '從虍從儿'이라 하여 마치 會意字처럼 해석하고 있는데 이는 篆文의 자형만을 분석한 오류라 하겠다.

屬字 鼺(검은 범 숙), 虩(범 소리 은), 虦(두려워하는 모양 혁)

169
𧇠

虤(yán) (五閑切 – 오한절) (범 성낼 현)

虎怒也. 從二虎. 凡虤之屬皆從虤.

호랑이가 성냄이다. 두 개의 虎를 따른다.

說明 甲骨文은 𧇠으로, 두 호랑이가 거꾸로 등을 돌리고 있는 모습이다. 혹자는 두 호랑이가 싸우는 모습이라고 하나, 서로 대치되지 않고 거꾸로 등을 돌리고 있어 싸우는 의미는 보이지 않는다.[94] 또한 호랑이가 성내는 모습도 선명하지 않다.

屬字 虥(나눌 현)

---

94) 上揭書, p.532.

170

皿(mǐn) (武永切 – 무영절) (그릇 명)

飯食之用器也. 象形. 與豆同意. 凡皿之屬皆從皿. 讀若猛.
음식을 담는 그릇이다. 상형이다. 豆와 같은 뜻이다.

說明 甲骨文의 字形은 🍴으로 그릇의 모양이다. 小篆과 자형이 유사하다.

屬字 盛(담을 성), 盆(동이 분), 益(더할 익), 盈(찰 영)

171

凵(qū) (去漁切 – 거어절) (그릇 거)

凵盧, 飯器, 以柳爲之. 象形. 凡凵之屬皆從凵.
凵盧인데 버들가지로 만든 밥그릇을 말한다. 상형이다.

說明 甲金文에는 보이지 않고 屬字도 없으나 小篆의 자형으로부터 볼 때
역시 그릇의 일종이다. 二卷 上의 '凵'部(23)의 小篆과 자형이 같으며,
두 자 모두 屬字가 없으니 혹시 같은 字가 아닐까 생각된다.

172

去(qù) (丘據切 – 구거절) (갈 거)

人相違也. 從大, 凵聲. 凡去之屬皆從去.
사람이 서로 떠난다는 뜻이다. 大를 따르며, 凵성이다.

說明 甲骨文의 자형은 🍴로, 小篆과 유사하다. 大는 사람을 뜻하고 口는 함
정을 뜻하는 것으로, 사람이 함정을 뛰어넘는다는 뜻이므로 멀리 떠
나간다는 의미를 갖게 되었다.[95] 즉 '人相違'는 引申義이다.

---

95) 上揭書, p.549.

173

血(xuè) (呼決切 – 평결절) (피 혈)

祭所薦牲血也. 從皿, 一象血形. 凡血之屬皆從血.
祭를 지낼 때 神明님께 올리는 소의 피다. 皿을 따르며, 一은 피를 나타낸다.

說明 甲骨文의 자형은 로, 마치 그릇(皿) 안에 피가 가득 차 있는 형상이다. 옛날에 제사를 지낼 때 그릇에 소의 피를 가득 담아 신에게 바쳤다. 그릇 안의 o은 祭祀용 소의 피를 상형한 것이다.

屬字 盅(피 황), 衃(어혈 배), 衄(코피 뉵), 衊(모독할 멸)

174

丶(zhǔ) (知庚切 – 지경절) (점 주)

有所絕止, 丶而識之也. 凡丶之屬皆從丶.
끊기는 곳에 丶를 두어 알 수 있게 하는 것이다.

說明 甲金文에서 살펴보면 ♦로 쓰고 있어 소전과 같은 모양이며 마치 불이 피어오르는 모습과 같다. '有所絕止'라 함은 문장에서 휴지 부분에 사용하는 문장부호를 이르는 것으로 假借義이다.

屬字 主(주인 주)

175

丹(dān) (都寒切 - 도한절) (붉을 단)

巴越之赤石也. 象采丹井. 一象丹形. 凡丹之屬皆從丹.

巴越의 붉은 돌을 가리킨다. 丹을 캐는 우물의 형상과 같다. 一은 돌을 상형한 것이다.

說明 甲骨文은 ㅂ으로 字形이 小篆과 같다. 테두리는 '대롱이'의 형태이고, 가운데 '一'는 '丹砂'를 뜻한다.[96]

屬字 彤(붉을 동)

176

靑(qīng) (倉經切 - 창경절) (푸를 청)

東方色也. 木生火, 從生, 丹. 丹靑之信, 言象然. 凡靑之屬皆從靑.

동방의 색깔이다. 木에서 火가 생기며, 生과 丹을 따른다. 丹靑이 분명함은 필연적인 것이다.

說明 甲骨文에서는 보이지 않고 金文에는 ㅂ으로 되어 있는데, 小篆과 자형이 같다. 許愼은 陰陽五行說로 해석하고 있다. 王筠은 『說文句讀』에서 "靑은 돌의 이름"이라고 하였다. 許說 '言象然'에서 '象'은 '必'의 誤字이다.[97]

屬字 靜(고요할 정)

---

96) 董蓮池, 『說文部首形義通釋』(中國, 東北師範大學出版社), pp.134~135.
97) 上揭書, p.135.

177

井(jǐng) (子郢切 – 자영절) (우물 정)

八家一井. 象構韓形. ·, 㼚之象也. 古者伯益初作井. 凡井之屬皆從井.
여덟 가구가 한 우물을 사용함이다. 우물 위에 나무로 짜 얹은 틀 모양
이다. ·은 두레박이다. 옛사람 伯益이 처음으로 우물을 만들었다.

說明 甲骨文은 井으로, 가운데 점이 없고, 金文의 자형은 小篆과 같다. '八
家一井'이란 井田制를 이르는 것인데 그 이전에 이미 井은 있었으니
후세의 제도로써 문자를 해설한 예이다.[98]

屬字 阱(함정 정), 刑(형벌 형), 刱(비롯할 창 – 創)

178

皀(bī) (皮及切 – 피급절) (고소할 급)

穀之馨香也. 象嘉穀在裹中之形. 匕, 所以扱之. 或說皀一粒也. 凡皀
之屬皆從皀. 又讀若香.
곡식의 향기이다. 마치 좋은 곡식이 껍질 속에 들어 있는 모양이다. 匕
로 밥을 취한다. 일설에는 皀이 한 알의 씨라고도 한다. 또 香처럼 읽
는다.

說明 甲骨文의 자형은 𣌭으로, 그 형상이 분명하지 않으며 小篆과 다르다.
許愼은 '皀'의 小篆에서 '白'을 '좋은 씨앗이 껍질 속에 있는 형상'이
라고 보고, '白' 밑의 것을 '匕'로 보아 '밥을 취하는 工具'로 보았는
데 잘못된 것이다.[99]

屬字 卽(곧 즉), 旣(이미 기)

---

98) 李徹, 「說文部首研究」(國立臺灣師範大學 석사학위논문, 民國 76年), p.110.
99) 董蓮池, 『說文部首形義通釋』(中國, 東北師範大學出版社), p.137.

鬯(chàng) (丑諒切 - 축량절) (울창주 창)

以秬釀鬱艸, 芬芳攸服, 以降神也. 從凵, 凵, 器也. 中象米, 匕, 所以扱之. 『易』日不喪匕鬯. 凡鬯之屬皆從鬯.

검은 기장과 울금향초로 빚은 술인데, 향기가 은은하여 신을 내리게 한다고 한다. 凵을 따르며, 凵은 그릇이다. 가운데는 米와 같고, 匕는 그로 인하여 미침이다. 『周易』에 "日不喪匕鬯"이라고 하였다.

> **說明** 甲骨文의 자형은 ❈으로, 술 용기의 모양이다. 그릇 안의 ※는 鬱鬯酒를 의미한다.[100] 許愼은 용기 속의 ※을 '米'라고 하였는데 정확하지 않다.

> **屬字** 鬱(막힐 울)

食(shí) (乘力切 - 승역절) (밥 식)

一米也. 從皀, 亼聲. 或說: 亼皀也. 凡食之屬皆從食.

모아 놓은 쌀이다. 皀을 따르며, 亼聲이다. 혹설에는 亼과 皀을 따른다고 하였다.

> **說明** 甲骨文의 자형은 ☖으로, 마치 그릇 안에 밥이 있고, 그 위에 뚜껑이 있는 모습과 같다. 上古時代에는 생산력이 낮아 쌀밥을 구하기가 쉽지 않았다. 하여 사람들은 쌀을 극히 진귀하게 여겼으며, 祭器에 넣어 두고 위에 뚜껑을 닫았는데 그것을 보고 造字한 것이다.[101]

> **屬字** 飯(밥 반), 餐(먹을 찬), 飽(물릴 포), 餓(주릴 아)

---

100) 董蓮池, 『說文部首形義通釋』(중국, 東北師範大學出版社), p.138.
101) 上揭書, p.139.

181

스(jí) (秦入切 – 진입절) (삼합 집)

三合也. 從入, 一, 象三合之形. 凡스之屬皆從스. 讀若集.
세 개가 합친 것이다. 入과 一을 따르며, 세 개가 하나로 합쳐진 형상
이다. 集과 같이 읽는다.

說明 甲金文에서 단독으로 쓰인 경우는 보이지 않으나, 부수로 쓰이는 경
우는 많은데 A의 형태로, 小篆과 자형이 같다.

屬字 合(합할 합), 僉(다 첨), 今(이제 금), 舍(집 사)

182

會(huì) (黃外切 – 황외절) (모일 회)

合也. 從스, 從曾省; 曾, 益也. 凡會之屬皆從會.
'합하다'라는 뜻이다. 스을 따르며, 曾을 생략한 것을 따른다. 曾은 益
(더하다는 뜻)이다.

說明 甲骨文 字形은 로 小篆과 유사하다. 스과 口 사이에 물건이 가득
차 있는 모양이다. 그러므로 會合의 의미가 있는 듯싶다.[102] 許愼의
字形解說은 정확하지 않다.

屬字 會卑(도울 비 – 今作裨)

183

倉(cāng) (七岡切 – 칠강절) (곳집 창)

穀藏也. 蒼黃取而藏之, 故謂之倉, 從食省, 口象倉形. 凡倉之屬皆從倉.
곡식을 저장하는 곳이다. 누르스름한 곡식을 수확하여 저장(藏)하는 곳

---

102) 李徹, 「說文部首研究」(國立臺灣師範大學 석사학위논문, 民國 76年), p.113.

이므로 倉이라 불렀을 것이다. 食에서 생체 되었으며, 口는 창고의 형태이다.

說明 甲骨文의 字形은 ![창고 자형]으로, 마치 창고에 문이 달려 있는 모습과 같다. 위는 창고의 지붕이고, 가운데는 문이며, 아래는 그 기초이다. "從食省, 口象倉形"이라는 許說은 정확하지 않다.

屬字 牄(먹는 소리 장)

入(rù) (人汁切 – 인즙절) (들 입)

內也. 象從上俱下也. 凡入之屬皆從入.

안으로 들어감이다. 밖에서 안으로 들어가는 형상이다.

說明 甲骨文의 자형은 ∧로, 小篆과 같다. '入'과 '內'는 一字 異體字이다. 후에 두 자로 분화되어 '入'은 進入의 뜻을, '內'는 '안'이라는 뜻을 갖게 되었다.[103]

屬字 內(안 내)

缶(fǒu) (方九切 – 방구절) (장군 부)

瓦器, 所以盛酒漿, 秦人鼓之以節謌. 象形. 凡缶之屬皆從缶.

그릇인데 술을 담는 것으로, 秦나라 사람들은 이를 두들기며 노래를 불렀다고 한다. 상형이다.

說明 甲骨文의 字形은 ![缶 자형]으로, 小篆과 유사하다. 아래의 ⊌는 瓦器의 형상이고, 위의 ↑은 瓦器를 제작하는 절굿공이를 그린 것이다. 제작공구까지 글

---

103) 董蓮池, 『說文部首形義通釋』(中國, 東北師範大學出版社), pp.141~142.

자에 넣은 것은 자형이 유사한 食器와 瓦器를 구분하기 위해서이다.[104]

屬字 匋(질그릇 도), 缾(두레박 병), 缸(항아리 항)

186

矢

矢(shǐ) (式視切 – 식시절) (화살 시)

弓弩矢也. 從入, 象鏑栝羽之形. 古者夷牟初作矢. 凡矢之屬皆從矢.
화살이다. 入화를 따르며, 화살의 모양을 나타낸 것이다. 옛사람 夷牟가
처음으로 화살을 만들었다고 한다.

說明 甲骨文의 자형은 ♦로, 화살을 상형한 것이며 小篆과 자형이 유사하
다. 說文에서는 화살촉을 入으로 오해하였다.[105] 또한 整體象形이므
로 "從入, 象鏑栝羽之形"과 같이 會意字로 분석하는 것은 잘못된 것
이다.

屬字 短(짧을 단), 知(알 지), 矣(어조사 의), 矮(키 작을 왜)

187

高

高(gāo) (古牢切 – 고뢰절) (높을 고)

崇也. 象臺觀高之形. 從冂, 口, 與倉舍同意. 凡高之屬皆從高.
높다는 뜻이다. 높다랗게 지은 다락을 상형하였다. 冂과 口를 따르며,
倉 · 舍와 같은 뜻이다.

說明 甲骨文의 자형은 ♦로, 冂은 높은 땅을 의미하고, 口는 거주하는 동
굴을 가리키며, ♦은 위에 가린 물건과 층계를 나타낸 象形字이
다.[106] "從冂, 口"라고 한 許說은 정확하지 않다.

---

104) 董蓮池, 『說文部首形義通釋』(중국, 東北師範大學出版社), pp.142~143.
105) 徐中舒, 『甲骨文字典』(중국, 四川辭書出版社), p.581.
106) 上揭書, p.590.

亭(정자 정), 亳(땅이름 박)

188

冂

冂(jiōng) (古熒切 – 고형절) (먼데 경)

邑外謂之郊, 郊外謂之野, 野外謂之林, 林外謂之冂. 象遠界也. 凡冂
之屬皆從冂.

邑外는 郊라고 하고, 郊外는 野라고 하며, 野外는 林이라고 하며, 林
外는 冂이라고 한다. 먼 경계를 나타낸다.

說明 甲金文에서 단독으로 쓰인 例는 찾아볼 수 없다. 현대의 學者들은
'冂'을 '扃'의 初文으로 보고 있다. 좌우 양쪽 획은 門의 기둥이고,
가로획은 빗장이라고 여기고 있다.[107]

屬字 市(저자 시), 央(가운데 앙)

189

𩫏(guō) (古博切 – 고박절) (성곽 곽)

度也, 民所度居也. 從回, 象城郭之重, 兩亭相對也. 或但從口. 凡𩫏
之屬皆從𩫏.

지내다는 뜻으로 사람이 거주하는 곳이다. 回를 따르며, 성곽이 둘러싸인
모습이며, 두 개의 亭은 서로 대칭된다. 혹은 단지 口를 따르기도 한다.

說明 甲骨文의 자형은 𣌚으로, 가운데 口는 거주하는 동굴을 뜻하며, 위아
래의 𠆢은 층계와 덮은 물건을 뜻한다. 小篆에서는 回를 따른다고 하
였으나, 甲金文에서는 모두 口를 따르며 자형은 小篆과 다르다. 戰國時
代에 이르러서야 가운데의 '口'가 '回'로 변하였으니 許慎의 자형분석
은 정확하지 않다.[108] 𩫏은 廢字되고 현대문에서 郭으로 사용된다.

---

107) 董蓮池, 『說文部首形義通釋』(中國, 東北師範大學出版社), p.145.

190

京(jīng) (舉卿切 – 거경절) (서울 경)

人所爲絕高丘也. 從高省, 丨象高形. 凡京之屬皆從京.

사람이 만든 높은 언덕이다. 高에서 생체 되었으며, 丨은 높은 것을 뜻하는 것이다.

說明 甲骨文의 자형은 ﹏으로, 높은 곳에 있는 사람이 사는 동굴을 그린 것이다. 자형은 小篆과 유사하다. "從高省, 丨象高形"이라는 許愼의 자형분석은 정확하지 않다.

屬字 就(이룰 취)

191

亯(xiǎng) (許雨切 – 허우절)

獻也. 從高省, 曰象進孰物形.『孝經』曰祭則鬼之. 凡亯之屬皆從亯.

'바치다'이다. 高에서 생체 된 것이며, 曰은 孰物을 넣은 형상이다. 孝經에서 이르길 "제를 지내 귀신에게 바치는 것이다."라고 하였다.

說明 甲骨文의 자형은 ﹏로, 사람이 사는 동굴을 그린 것이며, 小篆과 다르나 金文 ﹏과는 자형이 유사하다.

甲骨文은 ﹏의 아랫부분이 曰자로 된 것도 있는데 그것은 죽은 사람을 매장한 '封土'를 뜻하며, 그 위에 '享堂'을 지은 것이다.[109] 許說에서 "從高省, 曰象進孰物形"이라고 한 것은 정확하지 않다. 현대문에는 보이지 않는다.

---

108) 上揭書, p.146.
109) 上揭書, pp.147~148.

192

룿(hòu) (胡口切 – 호구절) (두터울 후)

厚也. 從反亯. 凡룿之屬皆從룿.

두텁다는 뜻이다. 亯를 거꾸로 한 것을 따른다.

說明 甲骨文에서 단독으로 쓰인 경우는 보이지 않고, 金文에서는 ☒와 같이 쓰고 있다. 자형은 마치 아가리가 큰 용기와 같다. 許愼의 자형분석은 정확하지 않다. 현대문에서는 '厚'字에 그 의미를 담아 '濃厚'하다는 뜻을 나타낸다.

屬字 厚(두터울 후)

193

畐(fú) (芳逼切 – 방핍절)

滿也. 從高省, 象高厚之形. 凡畐之屬皆從畐. 讀若伏.

가득 차다는 뜻이다. 高에서 省體되었으며, 높고 두터움을 상형한 것이다. 伏처럼 읽는다.

說明 甲骨文에는 보이지 않고 金文은 ☒으로 마치 술병에 술이 가득 들어있는 모양이다. "從高省, 象高厚之形"이라는 許愼의 자형분석은 정확하지 않다. 현대문에서도 보이지 않는다.

屬字 良(좋을 량)

194

亩(lǐn) (力甚切 – 력심절)

穀所振入. 宗廟粢盛, 蒼黃亩而取之, 故謂之亩. 從入, 回象屋形, 中有戶牖. 凡亩之屬皆從亩.

곡식을 저장하는 곳이다. 宗廟 제사에 사용하는 곡식이 가득하고 누르스름하면 수확하므로 亩이라 하였을 것이다. 入을 따르며 回는 건물 모양이며, 가운데에 창문이 있는 형태이다.

說明 甲骨文의 자형은 ♠으로, 마치 두 개의 큰 돌 위에 나무 가름대를 놓고 곡식을 쌓아 두는 창고의 모양과 같다.[110] 자형은 小篆과 다르며 回를 따르지 않는다. 許愼은 변화된 이후의 자형을 분석하고 있으니 정확하지 않다. 현대문에서 단독으로 쓰인 경우는 없다.

屬字 稟(줄 품), 啚(그림 비 – 圖의 俗字)

195

亩

嗇(sè) (所力切 – 소력절) (아낄 색)

愛濇也. 從來從亩. 來者, 亩而藏之. 故田夫謂之嗇夫. 凡嗇之屬皆從嗇.
'아끼다'이다. 來와 亩을 따른다. 來는 창고에 곡식을 저장하는 것이다. 그러므로 농부를 嗇夫라고 불렀을 것이다.

說明 甲骨文의 자형은 ♣으로 小篆과 다르다. '來'의 本義는 보리이므로, 보리를 창고에 쌓아 놓은 것을 나타내는 會意字이다. 그러므로 '곡식을 거두다'는 '穡'의 初文이다.[111] 따라서 '愛濇'은 引申義이며, 許愼의 해석은 정확하지 않다.

屬字 牆(담 장)

196

來

來(lái) (洛哀切 – 낙애절) (올 래)

周所受瑞麥來麰. 一來二縫, 象芒束之形. 天所來也, 故爲行來之來.

---

110) 徐中舒, 『甲骨文字典』(중국, 四川辭書出版社), p.609.
111) 董蓮池, 『說文部首形義通釋』(中國, 東北師範大學出版社), p.150.

『詩』曰詒我來麰. 凡來之屬皆從來.

周나라에서 하늘로부터 받은 상서로운 보리 來와 麰를 말한다. 한 줄기의 보릿대와 두 개의 날카로운 가시가 있는 이삭으로서 보리의 까끄라기와 같다. 하늘로부터 온 것이기에 行來의 來로도 쓰인다. 『詩經』에 "詒我來麰"라고 했다.

說明 甲骨文 자형은 으로, 보리의 모양을 상형한 것이다. 來의 本義는 보리이고, 卜辭에서는 '行來'의 '來'로 썼다. '麥'字가 만들어져 '보리'라는 뜻을 지닌 후 '來'는 전문 '行來'의 '來'로 쓰이게 되었다.

197

麥(mài) (莫獲切 – 막획절) (보리 맥)

芒穀. 秋穜厚薶, 故謂之麥. 麥, 金也, 金王而生, 火王而死. 從來, 有穗者, 從夊. 凡麥之屬皆從麥.

까끄라기가 있는 곡식이다. 늦벼를 깊이 묻어 제사를 지낸다(薶)고 하여 麥이라고 하였을 것이다. 麥은 金이니 金王은 태어나고, 火王은 죽는다. 來를 따르며, 이삭이 있는 것이며, 夊를 따른다.

說明 甲骨文은 로, 보리의 형상이며, 아래는 그 뿌리이다. "秋穜厚薶, 故謂之麥"에서 薶와 麥은 疊韻이다. 許愼은 음양오행설로 해석하였다.

屬字 麰(보리 모), 麩(밀기울 부), 䴵(볶은 보리 풍), 麮(보리죽 거)

198

夊(suī) (楚危切 – 초위절) (천천히 걸을 쇠)

行遲曳夊夊, 象人兩脛有所躧也. 凡夊之屬皆從夊.

느릿느릿 걸어간다는 뜻으로, 마치 사람이 두 종아리에 신을 끌고 있는 모습이다.

說明	甲骨文 자형은 으로, 사람의 발이 거꾸로 된 모습이다. 즉 거꾸로 감을 뜻한다. 古文字 중에서는 '降, 來, 復' 등의 의미를 지닌다.[112] "象人兩脛有所躧"이라는 許慎의 해석은 정확하지 않다.
屬字	夌(언덕 릉), 致(보낼 치), 憂(근심할 우), 愛(사랑 애)

199

舛(chuǎn) (昌兗切 – 창연절) (어그러질 천)

對臥也. 從夊, ᖴ 相背. 凡舛之屬皆從舛.

사람과 사람이 등을 돌리고 누워 있는 것이다. 夊와 ᖴ이 서로 대립하고 있는 것을 따른다.

說明	甲金文에 모두 보이지 않으며, 그 來源이 미상이다. 屬字 '舞'의 甲骨文 자형은 இ이고, 金文은 ௐ으로, 꼬리로 장식한 것을 들고 춤을 추는 형상이다.[113] 그러므로 '舛'을 '對臥'라고 한 許說은 근거 없는 것이다.
屬字	舞(춤출 무)

200

舜(shùn) (舒閏切 – 서윤절) (순임금 순)

艸也. 楚謂之葍, 秦謂之蔓, 蔓地連華, 象形. 從舛, 舛亦聲. 凡舜之屬皆從舜.

풀이다. 楚나라에서는 葍라 일컬었고 秦나라에서는 蔓라고 일컬었다. 잎과 덩굴과 꽃이 엉키어 있는 모습으로 상형이다. 舛을 따르며. 舛은 또한 소리이다.

---

112) 上揭書, p.152.
113) 上揭書, p.153.

甲金文에 모두 보이지 않으며, 그 來源이 미상이다. 饒炯은 『說文解字部首訂』에서 "匚는 덩굴이고 炎은 꽃을 뜻한다. 조릿대의 양쪽에 네 개의 꽃이 대칭되게 피어 있는 형상이다. 篆書에서 隸書로 변화되는 과정에서 점차 '炎'과 같이 변한 것이다."라고 하였다.

201 韋

韋(wéi) (宇非切 - 우비절) (다룸가죽 위)

相背也. 從舛, 口聲. 獸皮之韋, 可以束枉戾相韋背, 故借以爲皮韋. 凡韋之屬皆從韋.

'대립되다'는 뜻이다. 舛을 따르며 口聲이다. 짐승가죽이라는 韋자로서 가히 묶고 굽히고 어그러지게 하여 서로 대립되게 할 수 있었기에 가죽이라는 뜻으로 가차되었을 것이다.

說明 甲骨文은 𩏂으로, 가운데 口는 目的地를 의미하며, 양쪽의 발은 그곳으로 향하지 않고 오히려 멀어짐을 뜻한다. 그런고로 違의 初文이다. 가죽이라는 뜻은 假借된 것이다.[114] 羅振玉이 『殷墟書系考繹』에서 "卜辭에서 韋와 衛는 同一字"라고 하였다.

屬字 韎(가죽 매), 韘(깍지 섭), 韔(활집 창), 靷(질길 인)

202 弟

弟(dì) (特計切 - 특계절) (아우 제)

韋束之次弟也. 從古字之象. 凡弟之屬皆從弟.

가죽으로 물건을 묶을 때의 순서를 뜻한다. 古文의 형태를 따른다.

說明 甲骨文은 𢎨이고 金文은 𢎨로, 小篆과 자형이 유사하다. 弋에 끈을 감은 형상인데, 끈을 감는데도 순서가 있다는 뜻에서 次第의 뜻을 지니며, 兄弟의 弟로 假借되어 쓰인다.[115]

---

114) 董蓮池, 『說文部首形義通釋』(중국, 東北師範大學出版社), pp.154~155.
115) 徐中舒, 『甲骨文字典』(중국, 四川辭書出版社), p.633.

203

夊(zhǐ) (陟侈切 – 척치절) (뒤져서 올 치)

從後至也. 象人兩脛後有致之者. 凡夊之屬皆從夊. 讀若黹.

뒤에서 쫓아오는 것이다. 사람의 두 정강이 뒤에 따라오는 자가 있는 형태이다. 黹와 같이 읽는다.

說明 甲骨文에서 따로 쓰인 경우는 찾아볼 수 없으나 夊의 甲骨文 **A**와 같이 쓰인 듯하다. 무릇 夊를 따르는 글자들은 '逢迎, 下降' 등과 관련된다.[116]

屬字 夆(끌 봉), 夃(이문 얻을 고)

204

久(jiǔ) (擧友切 – 거우절) (오랠 구)

以從後灸之. 象人兩脛後有距也. 『周禮』曰久諸牆以觀其橈. 凡久之屬皆從久.

뒤에서 버티고 있음이다. 사람의 두 정강이 뒤에 장애물이 있는 형태이다. 『周禮』에 "久諸牆以觀其橈"라고 했다.

說明 甲金文에서 모두 찾을 수 없다. 考察에 의하면, 사람이 몸에 질병이 있어 등에 뜸을 드는 형상이다.[117] 후에 '長久'의 뜻으로 假借되었으므로, 새로 火를 가하여 '灸'字를 만들어 그 本義를 지니게 하였다.

---

116) 董蓮池, 『說文部首形義通釋』(中國, 東北師範大學出版社), p.156.
117) 上揭書, pp.156~157.

205

桀(jié) (渠列切 - 거열절) (해 걸)

磔也. 從舛在木上也. 凡桀之屬皆從桀.

'찢다'라는 뜻이다. 舛이 木 위에 있는 것을 따른다.

說明 甲骨文의 자형은 ☀로, 마치 사람이 다리를 벌리고 나무 위에 서 있
는 모습과 같다.[118] 許愼의 해석은 잘못되었다.

屬字 磔(책형 책)

118) 徐中舒, 『甲骨文字典』(中國, 四川辭書出版社), p.634.

206

木(mù) (莫卜切 - 막복절) (나무 목)

冒也. 冒地而生, 東方之行. 從屮, 下象其根. 凡木之屬皆從木.
冒(뚫고 나오다)이다. 땅을 뚫고 위로 나와 생장하는 것으로 동방을 행
한다. 屮을 따르며, 아래는 그 뿌리를 본떴다.

說明 甲骨文 ✦은 위는 나무의 가지와 같고 가운데는 그 줄기이며 아래는
뿌리를 象形한 것으로, 小篆과 자형이 같다. '冒也'라고 한 것은 聲訓
이다. '東方之行'이라 함은 陰陽五行說에 의한 해석이다.[119]

屬字 榮(꽃 영), 某(아무 모), 柔(부드러울 유), 狀(평상 상)

207

東(dōng) (得紅切 - 득홍절) (동녘 동)

動也. 從木. 官溥說, 從日在木中. 凡東之屬皆以東.
動이다. 木을 따른다. 官溥說이며, 日이 木에 걸려 있는 것을 따른다.

說明 甲骨文은 東이고, 金文은 ✦인데, 마치 꾸러미 속에 보물이 들어 있고
양쪽을 끈으로 묶은 형태이다. '動也'라 한 것은 聲訓이다. 동쪽은 움
직이는 곳이며, 만물이 소생하는 곳이기에 音이 가까운 東을 빌려 동
쪽을 뜻하게 되었다.[120] "從日在木中"이라는 자형분석은 잘못된 것이
다. 林義光 『文源』에서 "四方의 명칭 西·南·北은 모두 假借字이다.
그렇다면 東方도 單獨으로 造字된 것이 아닐 것이다."고 하였다. 本部

---

119) 董蓮池, 『說文部首形義通釋』(중국, 東北師範大學出版社), pp.158~159.
120) 上揭書, p.159.

에는 '棘'字 하나만 수록되어 있는데 '曹'字의 初文이다.

林(lín) (得紅切 – 득홍절) (수풀 림)

平土有叢木曰林. 從二木. 凡林之屬皆從林.

평지에 나무들이 가득한 것을 林이라고 한다. 두 개의 木을 따른다.

說明 甲骨文은 에서으로, 나무가 많이 자라고 있다는 會意字이며, 小篆과 자형이 같다. 本部에 수록되어 있는 '無'字는 나무와는 아무런 관련이 없으며 甲骨文 자형은 으로, '舞'의 初文이다.[121] '野'의 古文字를 살펴보면 혹은 으로, 역시 '林'을 따른다.

屬字 鬱(막힐 울), 楚(모형 초), 棼(마룻대 분), 森(나무 빽빽할 삼)

才(cái) (昨哉切 – 작재절) (재주 재)

艸木之初也. 從丨上貫一, 將生枝葉, 一, 地也. 凡才之屬皆從才.

초목이 처음 나온 것이다. 丨이 위로 一을 관통한 것을 따른다. 가지와 잎이 나오려 함이다. 一은 땅이다.

說明 甲骨文의 자형은 으로, ▽는 지면의 아래를 가리키며, 丨으로 그것을 꿰뚫은 것은 초목이 처음으로 지면을 뚫고 나옴을 나타낸다. 屬字가 없다. 許說의 "將生枝葉, 一, 地也"에 대하여 段玉裁가 『說文解字注』에서 이르기를 "'一'은 위의 획을 말하고, '將生枝葉'은 아래 획을 이른 것이다. '才'는 줄기는 땅에서 나왔으나 가지와 잎이 아직 생기지 않았으니 '將'이라고 하였을 것이다."고 하였다.[122]

---

121) 上揭書, p.160.

122) 段玉裁, 『說文解字注』(上海古籍出版社, 1988), p.272.

210

叒(ruò) (而灼切 - 이작절)

日初出東方湯谷, 所登榑桑, 叒木也. 象形. 凡叒之屬皆從叒.
태양이 동쪽 골자기에 금방 떠올랐을 때 榑桑나무에 오르는데, 이 나무를 叒木이라고도 한다. 상형이다.

說明 甲骨文 자형은 으로, 사람이 꿇어앉아 두 손으로 머리를 빗고 있는 형상이다. 本義는 '순조롭다'는 뜻으로 사용되고 있다. 說文의 해설처럼 桑나무의 형태가 아니므로 許愼의 자형분석은 정확하지 않다.[123]

屬字 桑(뽕나무 상)

211

之(zhī) (止而切 - 지이절) (갈 지)

出也. 象艸過屮, 枝莖益大, 有所之. 一者, 地也. 凡之之屬皆從之.
뻗어 나온다는 뜻이다. 풀이 싹이 나고 줄기와 가지가 커지고 날마다 자라남이다. 一은 땅을 뜻한다.

說明 甲骨文의 字形은 ⿯인데, 사람의 발이 땅에서 다른 곳으로 향하는 모습으로, 즉 사람이 다른 곳으로 간다는 것을 뜻한다. 字形은 小篆과 같으나 許愼의 자형, 자의분석은 정확하지 않다.[124]

---

123) 董蓮池, 『說文部首形義通釋』(中國, 東北師範大學出版社), pp.161~162.
124) 徐中舒, 『甲骨文字典』(중국, 四川辭書出版社), p.678.

212

帀(zā) (子苔切 – 자답절) (두를 잡)

周也. 從反之而帀也. 凡帀之屬皆從帀. 周盛說.

周이다. 之를 거꾸로 하면 帀이다. 周盛說이다.

說明 甲骨文에는 보이지 않고, 金文에는 𠂔로 되어 있다. 帀는 '之'를 거꾸로 쓴 字形은 아니므로 許愼의 說은 근거 없는 말이다.[125] 그 자형의 구성원리는 고찰 중에 있다.

屬字 師(스승 사)

213

出(chū) (尺律切 – 척률절) (날 출)

進也. 象艸木益滋上出達也. 凡出之屬皆從出.

나아가다는 뜻이다. 초목이 점점 자라 위로 나온 모양을 본뜬 것이다.

說明 甲骨文의 자형은 으로, 사람이 살던 동굴에서 나옴을 뜻한다.[126] 許說에서는 초목이 자라는 것으로 해석하였는데 정확하지 않다.

屬字 敖(놀 오), 賣(팔 매)

214

朩(pò) (普活切 – 보활절)

艸木盛朩朩然. 象形, 八聲. 凡朩之屬皆從朩. 讀若輩.

초목이 무성하게 자라 가지와 잎이 바람에 흩어진 것이다. 상형이며, 八성이다. 輩와 같이 읽는다.

---

125) 董蓮池, 『說文部首形義通釋』(중국, 東北師範大學出版社), pp.162～163.
126) 徐中舒, 『甲骨文字典』(중국, 四川辭書出版社), pp.681～682.

說明 甲骨文은 ꖿ로, 小篆과 자형이 같다. 자형은 초목이 자라는 형상이 아니라, '束'(248部)와 비슷한 일종의 兵器의 형태로 보인다. 현대문에는 보이지 않는다.

屬字 索(찾을 색), 孛(살별 패), 南(남녘 남)

215

生(shēng) (所庚切 - 소경절) (날 생)

進也. 象艸木生出土上. 凡生之屬皆從生.
나아가다는 뜻이다. 초목이 땅 위로 움터 올라오는 형상이다.

說明 甲骨文의 자형은 ꖿ으로, 초목이 땅에서 솟아나는 것이며 說文의 해석과 같다. 字形은 유사하다.

屬字 産(낳을 산), 㞢(열매가 많이 열릴 유), 甡(모이는 모양 신)

216

毛(zhé) (陟格切 - 척격절)

艸葉也. 從垂穗, 上貫一, 下有根, 象形. 凡毛之屬皆從毛.
풀잎이다. 이삭이 드리운 것을 따르며, 위는 一을 관통하였고, 아래에는 뿌리가 있음을 象形한 것이다.

說明 甲骨文의 자형은 ꖿ이고 金文 역시 비슷한 자형으로, 풀잎을 象形한 것은 아니다. 형상이 분명하지 않다.[127] 本部에는 屬字가 없다. 현대문에는 보이지 않는다.

---

127) 董蓮池, 『說文部首形義通釋』(중국, 東北師範大學出版社), p.165.

217

𠂹(chuí) (是爲切 - 시위절) (드리울 수)

艸木華葉垂. 象形. 凡𠂹之屬皆從𠂹.

초목의 꽃잎이 아래로 드리운 것을 뜻한다. 상형이다.

說明 甲骨文의 字形은 𦮄로, 땅 위에 자라고 있는 초목의 잎과 꽃이 드리운 형상이다. 小篆의 자형과는 다르다. 段玉裁는 "'下垂'라는 뜻으로 引伸되었다. 지금은 '垂'를 쓰기 때문에 '𠂹'字는 廢하였다."고 하였다.[128] 本部에는 屬字가 없다.

218

𠌶(huā) (況于切 - 황우절) (꽃 화)

艸木華也. 從𠂹, 亏聲. 凡𠌶之屬皆從𠌶.

초목의 꽃이다. 𠂹를 따르며, 亏聲이다.

說明 甲骨文에는 보이지 않고, 金文에는 𣎴로 되어 있는데, 초목의 꽃을 그린 獨體象形字이다. 許愼이 亏聲이라고 한 것은 정확하지 않다. 다음 부수인 華자와 같은 자인데 許愼은 둘로 나누었다.[129] 段玉裁는 "지금은 '花'를 쓰기 때문에 '𠌶'字는 廢하였다."고 하였다.[130]

屬字 皣(꽃 활짝 필 위)

219

華(huā) (戶瓜切 - 호과절) (꽃 화)

榮也. 從艸, 從𠌶. 凡華之屬皆從華.

---

128) 斷玉裁, 『說文解字注』(上海古籍出版社, 1988), p.274.
129) 上揭書, p.166.
130) 斷玉裁, 『說文解字注』(上海古籍出版社, 1988), p.274.

꽃이다. 艸와 琴를 따른다.

說明 甲金文에는 보이지 않는다. 琴에 艸를 가하여 나중에 만들어진 글자
이다. 徐灝는 『說文解字注箋』에서 "琴, 華亦一字"라고 하였다. 南北朝
에 이르러 '花'字가 만들어져 '華'의 本義를 나타내게 되었고, '華'는
점차 '빛나다'의 뜻으로 전환되었다.[131] 本部에는 '曄'라는 屬字 하나
만 수록되어 있다.

220

术(jī) (古兮切 - 고혜절) (계)

木之曲頭. 止不能上也. 凡术之屬皆從术.
나뭇가지의 끝머리가 휘었음을 뜻한다. 자라려 하는데 위로 더 올라가지
못함이다.

說明 甲金文에 모두 보이지 않는다. 古文은 正反의 구별이 없으므로 혹 禾
(禾)와 같은 자가 아닌가 생각한다. 王筠이 『說文釋例』에서 "术와 稽
는 아마도 같은 글씨이다. 음과 뜻은 모두 같다."고 하였다.

221

稽(jī) (古兮切 - 고혜절) (머무를 계)

留止也. 從术, 從尤, 旨聲. 凡稽之屬皆從稽.
'머무르다'라는 뜻이다. 术와 尤를 따르며, 旨聲이다.

說明 甲金文에서 모두 찾을 수 없다. '從禾, 從尤, 旨聲'과 같이 '稽'字를
'二形一聲'으로 하면 구조가 틀린다. 『說文』에서 '禾尤'字가 없었기
때문에 '二形'으로 분석하였다.

---

131) 董蓮池, 『說文部首形義通釋』(中國, 東北師範大學出版社), p.167.

巢(cháo) (鉏交切 – 서교절) (집 소)

鳥在木上曰巢, 在穴曰窠. 從木, 象形. 凡巢之屬皆從巢.
새가 나무 위에 만든 보금자리는 巢라 하고, 구멍에 만든 보금자리는
窠라고 한다. 木을 따르며 상형이다.

說明 甲骨文에는 보이지 않으며, 金文의 字形은 巢으로, 나무 위의 새의
보금자리를 그린 것이다. 자형은 小篆과 유사하다. 徐鍇는 "臼는 보
금자리 모양이고, 巛은 세 마리의 새"라고 하였으며, 王筠은 "巛은
새의 형상이며, '三鳥'라 함은 새가 많음을 뜻한다."고 하였다.

桼(qī) (親吉切 – 친길절) (옻 칠)

木汁, 可以鬃物. 象形, 桼如水滴而下. 凡桼之屬皆從桼.
나무의 즙으로 옻칠할 수 있는 것이다. 상형이며, 즙이 물방울처럼 아래
로 떨어지는 형상이다.

說明 甲金文에 보이지 않는다. 小篆의 자형으로부터 볼 때 나무에서 즙이
떨어지는 형상이다. '桼'字의 左右에 여섯 개의 점들은 指事符號이다.
王筠은 『說文句讀』에서 "象形이라고 하는 것은 즙의 모양을 그린 것이
라는 뜻이지 나무 모양과 같다고 하는 것은 아니다"고 하였다. 오늘날
의 經典에는 '漆'자로 通用어 있고, 水部에서 찾을 수 있다.

束(shù) (書玉切 – 서옥절) (묶을 속)

縛也. 從口, 木. 凡束之屬皆從束.

'묶다'라는 뜻이다. 口와 木을 따른다.

說明 甲骨文의 자형은 ⚵으로, 새끼로 나뭇가지를 묶어 놓은 모습과 같다고 하였다.[132] 小篆과 자형이 같다. 그러나 자형으로부터 볼 때 '물건이 들어 있는 꾸러미의 양쪽 끝을 묶은 형상'으로 혹 束과 東은 同字異形이 아닌가 생각한다. 馬氏 『疏證』에서는 "束은 東과 같은 字이며, 東은 束의 初字이다. 象形이며, '口와 木'을 따르는 것이 아니다."고 하였다.

屬字 柬(가릴 간), 剌(어그러질 랄)

225

橐(hùn) (胡本切 – 호본절)

橐也. 從束, 圂聲. 凡橐之屬皆從橐.
크게 묶는 것이다. 束을 따르며 圂성이다.

說明 甲金文에 보이지 않는다. 小篆의 자형으로부터 볼 때 주머니 속에 豕를 넣고 양쪽 끝을 묶은 모습이다. 宋育은 『部首箋正』에서 "束을 따르며, 묶는다는 뜻이다. 지금에는 '捆'이라고 말한다."고 하였다. 그러나 연구에 의하면, '橐'의 初文(石鼓文)은 ⚵으로, 그 속에 '豕'를 넣어 '捆縛'의 의미를 회의하였다. 즉 橐과 豕를 따르며, '從束, 圂聲'이라는 許說은 정확하지 않다.[133]

屬字 橐(전대 탁), 囊(주머니 낭), 櫜(활집 고)

226

□(wéi) (羽非切 – 우비절) (둘레 위)

---

132) 董蓮池, 『說文部首形義通釋』(中國, 東北師範大學出版社), p.169.
133) 上揭書. p.170.

回也. 象回帀之形. 凡口之屬皆從口.

두름이다. 한 바퀴 에워싼 모양이다.

說明 甲骨文에서 단독으로 쓰인 경우는 찾을 수 없다. 屬字들을 관찰해 보면 대개 口을 부수로 하고 있으며, 둘러싸인 것을 뜻한다. 王筠은 『說文句讀』에서 "回는 圍로 간주한다. 『廣韻』에서 『文字音義』를 引用하여 口은 回이다. 回帀의 模樣과 비슷하다. 아마도 『說文解字』의 관점을 계승하였을 것이다."고 하였다.

屬字 圓(둥글 원), 回(돌 회), 國(나라 국), 圍(둘레 위)

227

員(yuán) (王權切 – 왕권절) (수효 원)

物數也. 從貝, 口聲. 凡員之屬皆從員.

사물의 수량을 표시한다. 貝를 따르며 口성이다.

說明 甲骨文의 자형은 으로, 아가리가 둥근 鼎을 그린 것이다. 許愼의 자형해설은 小篆에만 의거한 잘못된 분석이다. 小篆에 와서는 아랫부분이 '貝'字로 잘못 변하였다. '物數'는 本義가 아니다. 本部에는 하나의 屬字 '員云'만 수록되어 있는데 지금은 '紜'으로 쓰고 있다.[134]

屬字 紜(어지러울 운)

228

貝(bèi) (博蓋切 – 박개절) (조개 패)

海介蟲也. 居陸名猋, 在水名蜬. 象形. 古者貨貝而寶龜, 周而有泉, 至秦廢貝行錢. 凡貝之屬皆從貝.

바다의 단단한 껍질을 가진 생물이다. 육지에서 사는 것을 猋라 하고,

---

134) 上揭書, p.172.

물속에서 사는 것을 蛹이라 한다. 상형이다. 옛날에는 조개껍질을 화폐로 사용하였고, 周나라에서는 泉이라는 화폐가 있었는데, 秦에 이르러서야 貝를 폐지하고 錢이 사용되었다.

| 說明 | 甲骨文의 자형은 🐚으로, 조개의 모양이다. 小篆의 자형과는 다르다. 金文 🐚이 점차 변화되어 小篆과 자형이 같게 되었다. 옛날에는 조개껍질을 화폐로 사용하였다. |

| 屬字 | 貨(재화 화), 資(재물 자), 賞(상줄 상), 質(바탕 질) |

229

욱

邑(yi) (於汲切 – 어급절) (고을 읍)

國也. 從口. 先王之制, 尊卑有大小, 從卩. 凡邑之屬皆從邑.
나라이다. 口를 따른다. 先王이 법을 제정하여 尊卑와 大小가 있게 하였으니 卩을 따른다.

| 說明 | 甲骨文의 字形은 🔲인데, 사람이 꿇어앉아 있는 모습으로 사람이 거주하는 곳을 의미한다.[135] '尊卑'란 公, 侯, 伯, 子, 男 등의 제후의 급을 말하고 「大小」란 方500里, 方400里, 方300里, 方200里, 方100里 등 封域의 大小를 말한다. 이러한 尊卑, 大小는 모두 왕명에서 나오는 것이므로 卩을 가하였다.[136] |

| 屬字 | 邦(나라 방), 郡(고을 군), 都(도읍 도), 郊(성 밖 교) |

230

㗊

㗊(xiàng) (胡絳切 – 호강절)

鄰道也. 從邑, 從邑. 凡㗊之屬皆從㗊. 闕.

---

135) 徐中舒, 『甲骨文字典』(중국, 四川辭書出版社), p.710.
136) 斷玉裁, 『說文解字注』(上海古籍出版社, 1988), p.283.

두 나라가 인접한 샛길이다. 邑과 邑을 따른다.

說明 　甲金文에는 보이지 않는다. 小篆의 자형으로부터 볼 때 두 나라가 인
　　　접해 있는 형상이다. 𨞖部에는 두 개의 屬字가 수록되어 있는데 하
　　　나는 '鄕'으로 지금은 '鄕'으로 쓰고 있다. 다른 하나는 '巷'으로 지
　　　금은 '巷'으로 쓰고 있다. 그중 '鄕'은 '卿'에서 分化된 글자이다.[137]

屬字 　鄕(시골 향), 巷(거리 항)

---

137) 董蓮池, 『說文部首形義通釋』(中國, 東北師範大學出版社), p.174.

231

日(ri) (人質切 – 인질절) (해 일)

實也. 太陽之精不虧. 從口一, 象形. 凡日之屬皆從日.
'가득 차다'이다. 태양의 빛이 이지러지지 않음이다. 口와 一을 따른다.
상형이다.

說明 　甲骨文 자형은 ⊟이고, 金文은 ○으로서, 태양의 형상이다. 가운데 一
을 가한 것은 圓의 初文 '○'와 구별하기 위한 것이지 태양의 빛이
이지러지지 않음을 나타내기 위한 것이 아니다.[138] 王筠이 『說文釋例
』에서 "'從口一' 세 글자는 衍文이다. '日'자는 全體象形이다. 만일
'從口一'이라면, 會意字가 된다."고 하였다.

屬字 　時(때 시), 晉(나아갈 진), 昏(어두울 혼), 昔(예 석)

232

旦(dàn) (得案切 – 득안절) (아침 단)

明也. 從日見一上. 一, 地也. 凡旦之屬皆從旦.
밝다는 뜻이다. 日이 一 위에 있는 것을 따르는데, 一은 땅이다.

說明 　甲骨文은 𣅉이고 金文은 ☯으로, 日의 아래의 것은 태양의 그림자이
다. 許說에서 "一은 地也"라고 한 것은 정확하지 않다.[139] 王筠은
'旦'字를 會意 兼 象形이라 하였으나, 朱駿聲·章太炎은 指示라고 하
였다. 本部에는 '暨'자만 수록되어 있는데 本義는 '日頗見', 즉 '해가
약간 떠오름'을 뜻한다.

屬字 　暨(및 기)

---

138) 董蓮池, 『說文部首形義通釋』(中國, 東北師範大學出版社), p.175.
139) 徐中舒, 『甲骨文字典』(중국, 四川辭書出版社), p.730.

233

倝(gàn) (古案切 – 고안절)

日始出光倝倝也. 從旦, 放聲. 凡倝之屬皆從倝.

해가 떠오르기 시작할 때의 햇살을 말한다. 旦을 따르며, 放聲이다.

說明 甲骨文에는 보이지 않고, 金文에는 倝으로 쓰이고 있다. 經傳古籍에는
보이지 않으므로, 그 來源과 자형구성은 알 수 없다.[140) 本部의 屬字
'朝'의 甲骨文은 朝으로, 달이 떠 있는 나무숲 사이로 해가 떠오르는,
즉 아침을 뜻하는 會意字인데, 결코 倝은 따르지 않는다.

屬字 朝(아침 조)

234

放 (yǎn) (於幰切 – 어헌절)

旌旗之游, 放蹇之皃. 從屮, 曲而下；垂放, 相出入也. 讀若偃. 古
人名放字子游. 凡放之屬皆從放.

깃발이 휘날리는 것으로, 깃발이 바람에 펄럭이는 모양을 나타낸다. 屮
을 따르며 아래로 굽어 내려갔고, 드리운 入은 한쪽은 나오고 한쪽은
들어가는 것 같다. 偃처럼 읽는다. 古人 가운데 이름이 放이라고 하는
사람이 있었는데 字는 子游였다.

說明 甲骨文의 자형은 放으로, 마치 깃발의 대와 깃발이 나부끼는 형태와
같다. 許愼의 "從屮, 曲而下；垂方人, 相出入也"라는 자형 解說은 정확
하지 않다.

屬字 旗(기 기), 施(베풀 시), 旋(돌 선), 族(겨레 족)

---

140) 李徹, 「說文部首研究」(國立臺灣師範大學 석사학위논문, 民國 76年), p.146.

235

冥(míng) (莫經切 – 막경절) (어두울 명)

幽也. 從日, 從六, 冖聲. 日數十. 十六日而月始虧幽也. 凡冥之屬皆
從冥.

'그윽하다'이다. 日과 六을 따르며 冖聲이다. 日은 숫자 十이다. 매월
16일이 되면 달이 이지러져 어두워지기 시작함을 뜻한다.

說明 甲骨文의 字形은 🎴으로, 마치 두 손을 이용하여 수건으로 물건을 덮
는 형태와 같다.[141] 글씨가 전해지는 가운데서 많은 착오가 생겼다.
모종의 물건을 뜻하는 'ㅁ'가 '日'의 형태로 바뀌었고, 두 손이 '六'
으로 변하였다. 小篆에서 '十'이 보이지도 않는데 許愼은 "日數十. 十
六日而月始虧幽也"라고 해설하고 있으니 참으로 황당하다.

236

晶(jīng) (子盈切 – 자영절) (밝을 정)

精光也. 從三日. 凡晶之屬皆從晶.

밝은 빛이다. 세 개의 日을 따른다.

說明 甲骨文의 자형은 🔲으로, 뭇별을 나열한 형태이다. '晶'은 '星'의 本
字이다.[142] 小篆의 자형과 같다. '精光'은 引申義이다. 나중에 聲部
'生'을 추가하여 '星'이 되었다. 그 후에 '晶'과 '星'은 분화되어 '晶'
은 전문 '精光'을 나타내고, '星'은 '별'을 표시하는 글자가 되었다.
'日'과는 관련이 없다. 'ㅁ' 가운데의 점은 장식에 불과하다.[143]

屬字 曑(별 이름 삼)

---

141) 董蓮池,『說文部首形義通釋』(중국, 東北師範大學出版社), pp.178～179.
142) 徐中舒,『甲骨文字典』(중국, 四川辭書出版社), p.741.
143) 董蓮池,『說文部首形義通釋』(中國, 東北師範大學出版社), p.179.

237

月(yuè) (魚厥切 - 어궐절) (달 우리)

闕也. 太陰之精. 象形. 凡之月之屬皆從月.

闕(聲訓)이다. 달의 이지러진 모습으로, 상형이다.

說明 甲骨文의 자형은 D으로 반달의 모양이다. 해는 영원히 둥글고 이지러지지 않기에 둥근 해로 표시하고, 반면에 달은 자주 이지러지고 둥근 모습은 적게 나타나기에 반달의 모양으로 표시한 것일 것이다.[144] '月'의 小篆과 '肉'의 小篆은 분별할 수가 없어서 [段注]에서는 '月'의 篆文을 古文字와 동일하게 고쳐 썼다.

屬字 朔(초하루 삭), 霸(으뜸 패), 朗(밝을 랑), 期(기약할 기)

238

有(yǒu) (云九切 - 운구절) (있을 유)

不宜有也. 『春秋傳』曰: 日月有食之. 從月, 又聲. 凡有之屬皆從有.

'있어서는 안 되는 것이 있다.'는 뜻이다. 『春秋傳』에 이르기를 "해와 달은 원래 스스로 먹어 들어가는 것이 아니고 이를 먹는 것이 있다."라고 하였다. 月을 따르며 又성이다.

說明 甲骨文은 屮로 字形이 분명하지 않다. 金文은 ⽸로, 손으로 고기를 들고 있는 모양으로 '점유하다, 획득하다'의 뜻이다. 그러므로 '月'을 따르는 것이 아니라 '肉'을 따른다. '月'과 '肉'의 篆文의 형태가 구별하기 어려웠기에 許愼도 '月'을 따른다고 잘못 해석한 것으로 보인다.

屬字 朧(흐릿할 롱)

---

144) 上揭書, p.180.

239

明(míng) (武兵切 - 무병절) (밝을 명)

照也. 從月, 從囧. 凡明之屬皆從明. 古文明, 從日.

照이다. 月과 囧을 따른다. 古文明은 日을 따른다.

說明 甲骨文의 자형은 이다. 囧은 창문의 모양으로, 밤에 달빛이 실내에
들어온다는 뜻의 會意字이다.[145] 段注에서 이르기를 "月을 따르는 것
은 月이 日의 빛을 받기 때문이다. 囧을 따르는 것은 창문이 밝다는
데 그 뜻이 있다."고 하였다. 戰國時代에 이르러서 '日'과 '月'을 따
르는 會意字 '明'으로 변하였을 것이다.[146] '照'와 '明'은 互訓의 관
계이다.

240

囧(jiǒng) (俱永切 - 구영절) (빛날 경)

窻牖麗廔闓明. 象形. 凡囧之屬皆從囧. 讀若獷. 賈侍中說, 讀與明同.

남쪽 창문이 확 트이게 밝다는 뜻이다. 상형이다. 獷처럼 읽는다. 賈侍
中說에는 明과 같이 읽는다고 하였다.

說明 甲骨文의 자형은 으로, 창에 무늬가 있는 형상이다. 馬氏『疏證』에
서는 '囧'은 '窻'의 初文이라고 하였다.

241

夕(xī) (祥易切 - 상역절) (저녁 석)

暮也. 從月半見. 凡夕之屬皆從夕.

저물다. 半月을 따른다.

---

145) 徐中舒, 『甲骨文字典』(中國, 四川辭書出版社), p.747.
146) 董蓮池, 『說文部首形義通釋』(中國, 東北師範大學出版社), p.181.

説明 甲骨文의 자형은 ☽ 혹은 ☽으로서, 반달의 형상이며, 月의 本字이다. 卜辭에서 一期부터 四期까지는 月字와 구별이 없으며, 五期부터는 가운데 점을 찍지 않아 月과 구별시켰다.[147]

屬字 夜(밤 야), 夢(꿈 몽), 夗(누워 뒹굴 원), 外(밖 외)

242

多(duō) (得何切 – 득하절) (많을 다)

重也. 從重夕. 夕者相繹也. 故爲多. 重夕爲多, 重日爲疊. 凡多之屬皆多.

거듭 불어난다는 뜻이다. 夕이 중첩된 것을 따른다. 夕은 서로 이끌어 무궁함을 뜻하므로 多라고 하였을 것이다. 夕이 중첩되면 多가 되고, 日일 중첩되면 疊이 된다.

説明 甲骨文의 자형은 多이다. 㕭은 肉이므로 고기가 쌓여 많다는 뜻이 되었다. 許愼은 㕭을 夕으로 보았는데 잘못된 것이다.[148] 本義는 '많다'이다.

243

毌(guàn) (古丸切 – 고환절) (꿰뚫을 관)

穿物持之也. 從一橫貫, 象寶貨之形. 凡毌之屬皆從毌. 讀若冠.

사물을 뚫고 지나간 것이다. 一이 사물을 가로 꿰뚫은 것을 따르며, 보물의 모양과 같다. 冠처럼 읽는다.

説明 甲骨文의 字形은 中으로, ㅣ으로 물건을 꿴 것인데 小篆과는 차이가

---

147) 徐中舒, 『甲骨文字典』(中國, 四川辭書出版社), p.750.
148) 上揭書, p.752.

있다. 甲骨文은 上下를 꿰뚫은 것이고, 小篆은 左右를 꿰뚫은 것이다. '穿物持之'는 引申義이다.

屬字 貫(꿸 관), 虜(포로 로)

244

ㄢ(hàn) (乎感切 – 호감절)

嘾也. 艸木之華未發, 函然. 象形. 凡ㄢ之屬皆從ㄢ. 讀若含.
'머금다'라는 뜻이다. 초목의 꽃이 아직 피지 않고 머금은 모양이다. 상형이다. 含처럼 읽는다.

說明 甲金文에 보이지 않으므로 그 자형구성을 알 수 없다. 현대문에서도 단독으로 쓰인 경우는 없다.

屬字 函(함 함), 甬(길 용)

245

東(hàn) (胡感切 – 호감절)

木垂華實. 從木, ㄢ, ㄢ亦聲. 凡東之屬皆從東.
나무에 꽃과 열매가 매달려 있는 모습이다. 木과 ㄢ을 따르며, ㄢ은 또한 聲이다.

說明 甲骨文에는 ❀으로 되어 있어, 마치 나무의 열매가 드리워져 있는 모습과 같다. 小篆의 자형과 유사하다. 현대문에서 단독으로 쓰인 경우는 없다.

246

卥(tiáo) (徒遼切 - 사요절) (열매 주렁주렁 달릴 조)

艸木實垂卥卥然. 象形. 凡卥之屬皆從卥. 讀若調.

초목의 열매가 길게 주렁주렁 드리워 있는 모습이다. 상형이다. 調처럼 읽는다.

說明 甲骨文의 자형은 𠧪으로, 밤나무의 열매와 같다. 許說에서 "艸木實垂 卥卥然"이라고 한 것은 확실하지 않다. 실제로 '밤나무의 열매의 형 상'이라고 해석해야 정확하다.[149]

247

齊(qí) (徂兮切 - 조혜절) (가지런할 제)

禾麥吐穗上平也. 象形. 凡齊之屬皆從齊.

벼나 보리 이삭의 윗부분이 가지런한 것을 뜻한다. 형상이다.

說明 甲骨文은 𠅘로, 벼나 보리가 들쭉날쭉해 보이나 이삭은 가지런한 모 양이다.[150] 徐灝가 『說文解字註箋』에서 "벼나 보리 이삭이 멀리 바라 보면 가지런하게 보여 '齊'라고 하였으며, 造字 할 때 이를 취하였을 것이다."고 하였다.

248

朿(cì) (七賜切 - 칠사절) (가시 자)

木芒也. 象形. 凡朿之屬皆從朿. 讀若刺.

나무의 까끄라기이다. 상형이다. 刺와 같이 읽는다.

---

149) 董蓮池, 『說文部首形義通釋』(中國, 東北師範大學出版社), pp.185~186.
150) 徐中舒, 『甲骨文字典』(中國, 四川辭書出版社), p.764.

說明	甲骨文의 자형은 ꠛ으로, 鋒이 여러 개 있는 예리한 무기이다.[151] 許

愼이 '나무의 *까끄라기*'라고 해석한 것은 정확하지 않다.

屬字	棗(대추나무 조), 棘(멧 대추나무 극)

249

片(piàn) (匹見切 – 필견절) (조각 편)

判木也. 從半木. 凡片之屬皆從片.

나무를 반으로 자른 것이다. 반 木을 따른다.

說明	甲骨文의 자형은 ꠛ으로, 침상의 형태이다. 원래는 가로 써야 하나,

甲骨文에서는 '가로 된 것을 세로' 쓴 것이 많다. 許愼이 '從半木'이

라 한 것은 정확하지 않다.[152]

屬字	版(널 판), 牘(편지 독), 牒(글씨판 첩), 牖(창 유)

250

鼎(dǐng) (都挺切 – 도정절) (솥 정)

三足兩耳, 和五味之寶器也. 昔禹收九牧之金, 鑄鼎荊之下, 入山林川

澤, 螭魅蝄蛧, 莫能逢之, 以協承天休. 『易』卦: 巽木於下者爲鼎, 象

析木以炊也. 籀文以鼎爲貞字. 凡鼎之屬皆從鼎.

세 다리에 두 개의 귀가 있는 다섯 가지 맛을 조미하는 귀한 그릇이다.

『周易』에 "巽木於下者爲鼎, 象析木以炊也"라고 하였다. 籀文에서

는 鼎을 貞자로 하고 있다.

說明	甲骨文의 자형은 ꠛ이고, 金文의 자형은 ꠛ으로, 두 귀에 발이 세 개

달린 솥의 형상이다. 書寫上의 편리를 위하여 다리를 간단하게 만들

---

151) 于省吾, 『甲骨文字釋林』(中華書局, 1979), p.176.
152) 徐中舒, 『甲骨文字典』(중국, 四川辭書出版社), p.768.

어 𤭩과 같은 형태로 변하였다.

屬字 鼒(옹달솥 자), 鼐(가마솥 내), 鼏(소댕 멱)

251

克(kè) (苦得切 – 약득절) (이길 극)

肩也. 象屋下刻木之形. 凡克之屬皆從克.

肩이다. 집 아래의 刻木의 형상이다.

說明 甲骨文의 자형은 $\overset{\text{v}}{\text{∀}}$으로, 일설에는 북을 치는 형상[153]이라 하고, 일설
에는 사람이 아래를 웅크리고 물건을 받드는 모양[154]이라 하였다.
'象屋下刻木之形'이라는 許愼의 자형분석은 정확하지 않다. '肩'이라
한 것은 引申義이다.

252

彔(lù) (盧谷切 – 로곡절) (나무 깎을 록)

刻木彔彔也. 象形. 凡彔之屬皆從彔.

나무에 새긴 것이 역력하다는 뜻이다. 상형이다.

說明 甲骨文의 자형은 $\overset{\text{∀}}{\text{₮}}$으로, 마치 우물의 도르래의 형상과 같다. 轆의
初文이다. 說文의 "刻木彔彔也"는 잘못된 것이다.[155]

253

𥝌 禾(hé) (戶戈切 – 호과절) (벼 화)

---

153) 上揭書, p.773.
154) 董蓮池, 『說文部首形義通釋』(중국, 東北師範大學出版社), p.189.
155) 上揭書, p.774.

嘉穀也. 二月始生, 八月而孰, 得時之中, 故謂之禾. 禾, 木也. 木王而生, 金王而死. 從木, 從巫省, 巫象其穗. 凡禾之屬皆從禾.

좋은 곡식이다. 이월에 싹이 자라서 팔월에 무르익는 식물인데, 四時의 中和된 氣를 받으므로 禾라고 하였을 것이다. 禾는 木이다. 봄에 나무가 왕성할 때 싹이 나고, 가을에 金빛이 왕성할 때 말라죽는다. 木을 따르며 巫의 생체를 따른다. 巫는 그 이삭이다.

說明 甲骨文의 자형은 𣎳으로서 볏모의 형상이며, 小篆과 자형이 같다. 許說에서 '禾, 木也'라고 하는 것은 五行說에 의한 해석이다. 饒炯이 『說文解字部首訂』에서 "禾는 篆書에서 全體象形이나, 隸書에서 木과 비슷해졌으니 그래서 '從木, 從巫省'이라는 말이 나왔을 것이다."라고 하였다.

屬字 秀(빼어날 수), 種(씨 종), 稻(벼 도), 穀(곡식 곡)

254

秝(lì) (郎擊切 – 랑격체) (나무 성글 력)

稀疏適也. 從二禾. 凡秝之屬皆從秝. 讀若歷.

사이가 성기어 적당함을 뜻한다. 두 개의 禾를 따른다. 歷과 같이 읽는다.

說明 甲骨文의 자형은 𣎳으로, 小篆과 자형이 같다. 王筠은 『說文例釋』에서 "'稀疏適'은 兩 '禾' 사이의 空間을 가리킨다. 두 그루의 '禾'가 사이가 뜨게 서 있는 형상인데, 그 '성긴 것'을 취하였다."고 하였다.

屬字 兼(겸할 겸)

255

黍(shǔ) (舒呂切 – 서여체) (기장 서)

禾屬而黏者也. 以大暑而種, 故謂之黍, 從禾, 雨省聲. 孔子曰: 黍可爲酒, 禾入水也. 凡黍之屬皆從黍.

벼에 속하는 것으로 차진 것이다. 大暑에 파종하는 늦벼이므로 黍(曡韻)라 하였을 것이다. 禾를 따르며 雨를 생체한 소리이다. 孔子는 "黍로 술을 빚을 수 있으며, 禾에 水가 들어간 것이다."고 하였다.

說明 甲骨文의 자형은 ☒으로, 禾와 水로 이루어진 會意字이다. 자형은 小篆과 유사하다. 許愼의 '從禾, 雨省聲'은 잘못된 분석이다.

屬字 黏(찰질 점), 黎(검을 려)

256

香(xiāng) (許良切 - 허량체) (향기 향)

芳也. 從黍, 從甘. 『春秋傳』曰: 黍稷馨香. 凡香之屬皆從香.

풀의 향기(芳)이다. 黍를 따르며 甘을 따른다. 『春秋傳』에 이르기를 "黍稷馨香"이라 하였다.

說明 甲骨文의 자형은 ☒으로, 黍와 口를 따른다. 口는 그릇의 형태로 黍가 가득한 그릇을 말하며, 그로써 향기롭다는 뜻을 나타낸다.[156] 자형은 小篆과 유사하나 甘을 따르지 않는다. '香'과 '芳'은 轉注關係이다.

屬字 馨(향기 형)

257

米(mǐ) (莫禮切 - 막예체) (쌀 미)

粟實也. 象禾實之形. 凡米之皆從米.

곡식의 낱알이다. 벼의 낱알을 象形한 것이다.

說明 甲骨文의 자형은 ☒으로, 小篆과 자형이 유사하다. 양쪽의 점들은 쌀

---

156) 徐中舒, 『甲骨文字典』(중국, 四川辭書出版社), p.791.

알을 뜻하며, 가운데 가로획을 그은 것은 모래알이나 물방울과 구별하기 위함이다.[157) 나중에는 가운데의 두 점이 연결되어 小篆의 자형처럼 변하였다.

屬字 粱(기장 량), 精(자세할 정), 粒(알 립), 粹(순수할 수)

258

毇(huǐ) (許委切 - 허위절) (쓿을 훼)

米一斛舂爲八斗也. 從臼, 從殳. 凡毇之屬皆從毇.
쌀 열 말을 찧으면 여덟 말이 된다. 臼를 따르고 殳를 따른다.

說明 甲金文에 모두 보이지 않는다. 小徐本에는 '米'字 앞에 '糲'字가 있다. 段玉裁와 桂馥은 모두 '八斗'를 '九斗'로 고쳤다.

259

臼(jiù) (其九切 - 기구절) (절구 구)

舂也. 古者掘地爲臼. 其後穿木石. 象形. 中米也. 凡臼之屬皆從臼.
찧는 것이다. 옛날에는 땅을 파서 구멍을 만들고 절구로 사용하였다. 그 후에는 나무나 돌을 깎아서 절구를 만들었다. 상형이다. 가운데는 쌀이다.

說明 甲骨文의 자형은 凵으로, 小篆과 유사하며, 절구의 단면을 그린 것이다. 가운데 짧은 선은 절구 안에 담겨 있는 쌀알들을 나타낸다. 일설에는 연장으로 절구를 팔 때 안쪽에 생긴 거친 자국이라고도 한다. 段注에서는 '舂也'에 '臼'를 추가하여 '舂臼也'라고 하였다.

屬字 舂(찧을 용), 臿(가래 삽), 舀(퍼낼 요)

---

157) 上揭書, p.792.

260

凶(xiōng) (許容切 – 허용절) (흉할 흉)

惡也. 象地穿交陷其中也. 凡凶之屬皆從凶.

험악함이다. 땅을 파서 그 속에 빠지게 하는 것을 뜻한다.

說明 甲骨文에는 보이지 않고 戰國楚帛書에는 ⊗로 되어 있다. 凵은 땅 구덩이를, ×는 그 속에 함정이 있음을 나타내었다.[158]

屬字 兇(흉악할 흉)

卷七下

261

朩(pin) (匹刃切 – 필인절)

分枲莖皮也. 從屮, 八象枲之皮莖也. 凡朩之屬皆從朩. 讀若髕.

삼 껍질을 벗기는 것을 일컫는다. 屮을 따르며, 八은 삼의 껍질을 상형한 것이다. 髕과 같이 읽는다.

說明 甲骨文에는 보이지 않고, 金文에는 朩으로 되어 있으며 小篆과 자형이 같다. 王筠은 全體象形이라고 하였다. 현대문에서도 보이지 않는다.

屬字 枲(모시풀 시)

---

158) 董蓮池, 『說文部首形義通釋』(中國, 東北師範大學出版社), p.194.

262

林(pài) (匹卦切 – 필괘절)

萉之總名也. 林之爲言微也；微纖爲功. 象形. 凡林之屬皆從林.
삼 열매의 총칭이다. 林는 '작다'는 뜻이다. 작고 섬세한 것을 공들인
것으로 삼는다. 상형이다.

說明 甲金文에는 보이지 않는다. 說文에 '萉之總名也'라고 하였는데 萉는
꽃이므로 삼과 무관하다. 段注에서는 萉는 萉의 誤라고 보고 개정하
였다. 萉는 삼씨이기에 '萉之總名也'라 함은 삼 열매의 총칭이라고
해석할 수 있다.[159] 이 역시 현대문에서 단독으로 쓰인 경우는 찾아
볼 수 없다.

屬字 檾(어저귀 경), 㯃(흩어질 산)

263

麻(má) (莫遐切 – 막하절) (삼 마)

與林同. 人所治, 在屋下. 從广, 從林. 凡麻之屬皆從麻.
林와 같다. 사람이 삼을 가공하는 일은 집 아래에서 한다. 广을 따르며
林을 따른다.

說明 甲骨文에는 보이지 않고 金文에는 麻로 되어 있다. 삼을 뜻한다.

屬字 廐(겨릅대 추)

264

尗(shū) (式竹切 – 식죽절) (콩 숙)

豆也. 尗象豆生之形也. 凡尗之屬皆從尗.

---

159) 董蓮池, 『說文部首形義通釋』(中國, 東北師範大學出版社), p.196.

콩이다. 콩이 자라는 모습을 象形한 것이다.

説明 甲骨文의 자형은 으로, 말뚝을 흙 속에서 뽑아낸 형태이다. 옛날에
는 콩을 菽이라고 하였다. 즉 未과 菽은 同音이다. 許愼은 그 音은
알고 形義는 몰랐으므로 '콩이 자라는 모습'이라고 해석하였을 것이
다. 그러므로 따를 바가 못 된다.160) 현대문에서 단독으로 쓰인 경우
는 찾아볼 수 없다.

属字 尗(몹시 앓을 축)

265

耑(duān) (多官切 – 다관절) (시초 단)

物初生之題也. 上象生形, 下象其根也. 凡耑之屬皆從耑.
식물이 처음 땅을 뚫고 올라온 머리를 말한다. 위는 자라는 모습이고
아래는 그 뿌리를 나타낸 것이다.

説明 甲骨文의 자형은 으로, 초목이 땅을 뚫고 나와 자라는 모습인데, 아
래는 그 뿌리를 뜻한다. 本部에는 屬字가 없다.

266

韭(jiǔ) (擧友切 – 거우절) (부추 구)

菜名. 一種而久者, 故謂之韭. 象形, 在一之上. 一, 地也. 此與耑同
意. 凡韭之屬皆從韭.
채소 이름이다. 한 번 심으면 오래(久) 사는 것인데 그리하여 韭라고
하였을 것이다. 상형이며, 一 위에 있는 모습이다. 一은 땅이다. 이것은
耑과 같은 뜻이다.

説明 甲金文에는 보이지 않는다. 小篆의 자형으로부터 볼 때 땅 위에 식물

---

160) 上揭書, pp.197～198.

이 자라는 모습이다. 一은 땅을 뜻하고 그 위는 줄기와 잎을 그린 것이다.

屬字 韱(산 부추 섬)

267

瓜(guā) (古華切 – 고화절) (오이 과)

萉也. 象形. 凡瓜之屬皆從瓜.
열매이다. 상형이다.

說明 甲金文에는 보이지 않는다. 戰國時代에는 로 쓰고 있다. 가운데의 둥근 것은 열매이고, 외곽은 덩굴을 그린 것이다. 許愼은 '萉(라)'라고 훈을 달았다. 『說文解字』 '艸'部에 屬字 '萉'字 아래에 "나무에 열린 것을 果라 하고, 땅 위에 열린 것을 '萉'라 한다."고 설명했다.[161]

屬字 㼏(북칠 질), 瓣(외씨 판)

268

瓠(hù) (胡誤切 – 호오절) (표주박 호)

匏也. 從瓜, 夸聲. 凡瓠之屬皆從瓠.
박이다. 瓜를 따르며 夸성이다.

說明 甲金文에는 보이지 않는다. 朱駿聲의 『說文通訓定聲』에서 "오늘날 우리가 속어로 말하는 '壺盧'(조롱박)를 말한다. 瓠는 '壺'와 '盧'를 합친 음이다."라고 하였다.

屬字 瓢(박 표)

---

161) 許愼, 『說文解字』(大徐本), 中華書局, 1999. p.15.

269

宀(mián) (武廷切 – 무정절) (집 면)

交覆深屋也. 象形. 凡宀之屬皆從宀.

교차되게 덮은 집이다. 상형이다.

說明 甲骨文의 자형은 ∩으로, 宮室 외곽의 형태이다. '宀'을 따르는 글자들은 대부분 집과 관련된 字들이다.

屬字 家(집 가), 宅(집 택), 室(집 실), 宇(집 우)

270

宮(gōng) (居戎切 – 거융절) (집 궁)

室也. 從宀, 躳省聲. 凡宮之屬皆從宮.

방이다. 宀을 따르며 躳의 생체 된 소리를 따른다.

說明 甲骨文의 자형은 몸으로, 宀과 呂를 따르는데, 宀은 집의 外廓을 뜻하고 呂는 창문과 출입문을 뜻한다. 殷墟의 집들은 대개 맨 위에 창문이 나 있고 그 밑에 창문보다는 큰 출입문이 있는데 甲骨文에서는 書寫상의 편의를 위하여 두 문의 크기를 비슷하게 그렸다. 本部에는 屬字로 '營'字 하나만 수록되어 있다.

屬字 營(경영할 영)

271

呂(lǚ) (力與切 – 력여절) (음률 려)

脊骨也. 象形. 昔太嶽爲禹心呂之臣, 故封呂侯. 凡呂之屬皆從呂.

등골뼈이다. 상형이다. 옛날에 太嶽이 心呂 지역의 신하였으므로 呂侯로 봉해졌을 것이다.

| 說明 | 甲骨文의 자형은 吕으로, 宮室의 창문과 출입문을 뜻한 것이지 등골 |

뼈를 뜻하는 것이 아니다.[162] 本部에는 屬字로 '躳'字 하나만 수록되

어 있다.

屬字 躳(몸 궁 - 躬의 本字)

272

穴(xué) (胡決切 - 호결절) (구멍 혈)

土室也. 從宀, 八聲. 凡穴之屬皆從穴.

흙으로 된 집이다. 宀을 따르며, 八성이다.

說明 甲骨文의 자형은 ∩으로 宀의 甲骨文과 같으며, 金文의 자형은 ∩으

로, 동굴의 앞면을 그린 것이며 小篆과 자형이 같다. 馬氏『疏證』에서

는 "宀과 穴은 같은 글씨이다. 象形이다. 穴은 바로 室의 初文이다."

고 하였다.

屬字 穿(뚫을 천), 空(빌 공), 突(갑자기 돌), 究(궁구할 구)

273

寢(mèng) (莫鳳切 - 막봉절) (꿈 몽)

寐而有覺也. 從宀, 從爿, 夢聲. 『周禮』 以日月星辰占六夢之吉凶,

一曰正寢, 二曰 寢爿 三曰思寢, 四曰悟寢, 五曰喜寢, 六曰懼寢. 凡寢

之屬皆從寢夢.

자면서도 감각이 있는 것이다. 宀을 따르고 爿을 따르며, 夢성이다. 『周

禮』에 해, 달, 별로 六夢의 길흉을 점쳤다. 첫째는 正夢이라 하고, 둘

째는 寢夢이라 하였으며, 셋째는 思夢이라 하였으며, 넷째는 悟夢이라

하였고, 다섯째는 喜夢이라 하였으며, 여섯째는 懼夢이라 하였다.

162) 徐中舒, 『甲骨文字典』(中國, 四川辭書出版社), p.834.

說明 甲骨文의 자형은 로, 사람이 침대에 누워 손을 가슴에 얹고 자는 형상이다. 經典에서 모두 省略하여 '夢'으로 쓴다. 현대문에서도 寢은 폐하고 省字 '夢'을 사용하고 있다.

屬字 寐(잠잘 매), 寤(깰 오), 㝸(잠꼬대 예), 寢(아이 울 홀)

274

疒(nè) (女戹切 – 녀액절) (병들어 기댈 녁)

倚也. 人有疾病, 象倚箸之形. 凡疒之屬皆從疒.
'의지하다'이다. 사람에게 질병이 있어서 기대어 있는 모습이다.

說明 甲骨文의 자형은 로 혹은 人자의 옆에 여러 개의 점이 있는데, 그것은 사람이 병이 들어 침대에 누워서 땀을 흘리는 모습이다.[163] 小篆에는 '人'이 보이지 않는데 解說은 마치 甲骨文을 보고 해석한 것처럼 느껴진다.

屬字 疾(병 질), 痛(아플 통), 痕(흉터 흔), 疲(지칠 피)

275

冖(mi) (莫狄切 – 막적절) (덮을 멱)

覆也. 從一下垂也. 凡冖之屬皆從冖.
'덮다'라는 뜻이다. 一이 아래로 늘어진 것을 따른다.

說明 甲骨文에서 단독으로 쓰인 경우는 없으나, 부수로 쓰인 경우를 살펴보면 수건으로 물건을 덮은 모습이며 小篆과 자형이 같다. '從一下垂'라는 許說은 정확하지 않다.

屬字 冠(갓 관), 取(쌓을 취)

---

163) 上揭書, p.837.

276

冃(mào) (莫保切 – 막보절)

重覆也. 從冂, 一. 凡冃之屬者皆從冃. 讀若艸苺苺.

'겹으로 덮다'라는 뜻이다. 冂과 一을 따른다. 艸苺苺(풀이 우거지다)의
'苺'와 같이 읽는다.

說明 甲骨文에서 단독으로 쓰인 경우는 없으나, 屬字의 甲骨文을 살펴보면
同에서는 冃로 쓰였고, 冢에서는 冃로 쓰여 모두 덮은 형상이며, 小篆
과 자형이 같다.

屬字 同(한가지 동), 冢(덮어 쓸 몽)

277

冒(mào) (莫報切 – 막보절) (모자 모)

小兒蠻夷頭衣也. 從冂, 二其飾也. 凡帽之屬皆從帽.

아이들과 오랑캐들이 쓰는 옷가지이다. 冂을 따르며, 二는 수식이다.

說明 甲骨文의 자형은 ﷽이다. 于省吾는 "양의 뿔로 장식한 모자의 형태"
라고 하였다. 小篆과 자형이 다르다.[164] 今文은 '帽'字를 쓰고 있다.

屬字 冕(면류관 면), 冑(맏아들 주), 冒(무릅쓸 모)

278

兩(liǎng) (良獎切 – 량장절)

再也. 從冂, 闕. 『易』曰: 參天兩地. 凡兩之屬皆從兩.

다시라는 뜻이다. 冂을 따른다. 주역에 "參天兩地"라 하였다.

說明 甲骨文에는 보이지 않고 金文에는 兩으로 되어 있어 小篆과 같다. 部

---

164) 上揭書, pp.850~851.

首자와 本部에 수록된 '兩'은 실제는 同一字이다.[165]

屬字 兩(두 량)

279

网(wǎng) (文紡切 – 문방절) (그물 망)

庖犧所結繩以漁. 從冂, 下象网交文. 凡网之屬者皆從网.

庖犧 씨가 줄을 묶어 발을 만들어 고기를 낚았다. 冂을 따르며, 아래는
그물이 교차된 무늬이다.

說明 甲骨文의 자형은 🕸으로, 그물의 형상이며 小篆과 유사하다. 獨體象形
이므로 '從冂, 下象网交文'이라는 許說은 정확하지 않다.

屬字 罪(허물 죄), 罷(방면할 파), 署(관청 서), 罵(욕할 매)

280

兩(xià) (呼訝切 – 호아절) (덮을 아)

覆也. 從冂上下覆之. 凡兩之屬者皆從兩.

덮는다는 뜻이다. 冂으로 위아래로 덮은 것을 따른다.

說明 甲金文과 經傳古籍에 모두 보이지 않으므로 來源이 미상이다. 董蓮池
은 "가운데의 '冂'은 위에서부터 아래로 덮는 것을 뜻하고 'ㄴ'은 아
래에서 위로 감싸는 것을 표시하며, 위의 'ㅡ'은 마무리 짓는 것을
뜻한다."고 하였다.[166]

屬字 覂(엎을 봉), 覈(핵실할 해), 覆(뒤집힐 복)

---

165) 董蓮池, 『說文部首形義通釋』(中國, 東北師範大學出版社), p.206.
166) 上揭書, p.207.

281

巾(jīn) (居銀切 – 거은절) (수건 건)

佩巾也. 從冂, 丨象糸也. 凡巾之屬皆從巾.

지니고 다니는 수건이다. 冂을 따르며, 丨은 실을 그린 것이다.

說明 甲骨文의 자형은 巾으로, 小篆과 자형이 같다. '佩巾'이라는 許慎의 訓
이 정확하다.

屬字 帥(장수 수), 幣(비단 폐), 帶(띠 대), 席(자리 석)

282

市(fú) (分勿切 – 분물절) (슬갑 불)

韠也. 上古衣蔽前而已, 市以象之. 天子朱市, 諸侯赤市, 大夫葱衡.
從巾, 象連帶之形. 凡市之屬皆從市.

蔽膝이다. 上古 시기의 옷은 앞을 가리는 것이다. 市은 그것을 본뜬
것이다. 天子는 朱市, 諸侯는 赤市, 大夫는 葱衡을 입었다. 巾을 따
르며, 서로 연결된 띠의 형태이다.

說明 甲骨文에는 보이지 않고, 金文은 市으로 되어 있으며 小篆과 자형이
같다. 市란 古代에 가죽으로 만든 일종의 무릎을 가리는 옷이다.[167]

283

帛(bó) (旁陌切 – 방맥절) (비단 백)

繒也. 從巾, 白聲. 凡帛之屬皆從帛.

비단이다. 巾을 따르며, 白성이다.

說明 甲骨文의 자형은 帛으로, 小篆과 같다. 本部에는 屬字로 '錦'字만 수록

---

167) 上揭書, p.208.

되어 있는데, 玉篇에서는 '金'부에 수록되어 있다.

屬字 錦(비단 금)

284

白(bái) (旁陌切 - 방맥절) (흰 백)

西方色也. 陰用事, 物色白. 從入合二, 二, 陰數. 凡白之屬皆從白.

서방의 색이다. 陰은 일에 쓰이고, 물건의 색은 하얗다. 入으로 二를 합한 것을 따르는데, 二는 陰數이다.

說明 甲骨文의 자형은 ☖으로, 小篆과 자형이 같다. 그러나 入과 二를 따르는 會意字가 아니다. 郭沫若은 '엄지의 형상'이라고 말하였다.[168] 許愼은 陰陽五行說로 해석하고 있다.

屬字 皎(달빛 교), 皚(흴 애), 皦(옥석 흴 교), 皛(나타날 효)

285

㡀(bì) (毗祭切 - 비제절)

敗衣也. 從巾, 象敗衣之形. 凡㡀之屬皆從㡀.

헤진 옷이다. 巾을 따르며, 헤진 옷의 모습을 그린 것이다.

說明 甲骨文에서 단독으로 쓰인 경우는 보이지 않고, 屬字 敝의 부수로 쓰인 경우는 있으니, 자형은 尙로 되어 있으며 小篆과 같다. 本部에는 屬字로 '敝'자만 수록되어 있다. 玉篇에서 단독으로 쓰인 경우는 없다.

屬字 敝(해칠 폐)

---

168) 上揭書, p.869.

286

黹(zhǐ) (陟几切 – 척기절) (바느질할 치)

箴縷所紩衣. 從㡀, 丵省. 凡黹之屬皆從黹.

바느질하여 실로 꿰맨 옷이다. 㡀을 따르며, 丵을 省體한 것을 따른다.

說明　甲骨文의 자형은 🔣인데, 실로 옷에 꽃무늬를 수놓은 형상이다.[169] 戰國時代에 와서 자형이 점차 小篆과 비슷하게 변하였는데 許說은 변화된 이후의 자형으로 해설한 것이니 정확하지 않다.

屬字　黼(수 보), 黻(수 불), 黺(옷에 오색 수놓을 분)

---

169) 董蓮池, 『說文部首形義通釋』(중국, 東北師範大學出版社), pp.210~211.

287

人(rén) (如鄰切 – 여린절) (사람 인)

天地之性最貴者. 此籒文, 象臂脛之形. 凡人之屬皆從人.
천지간의 생물 중에서 가장 귀한 것이다. 이것의 籒文은 팔과 정강이의
모습을 그린 것이다.

說明 甲骨文의 자형은 𝄞으로, 서 있는 사람의 측면을 그린 것인데 小篆과
자형이 같다. 甲骨文에는 사람을 그린 것이 제일 많은데 대개 사람이
서 있는 측면을 그린 것과, 서 있는 정면을 그린 것, 꿇어앉아 있는
측면을 그린 것, 그리고 손, 발, 머리 등 인체 부위를 그린 것들이다.

屬字 仁(어질 인), 伯(맏 백), 位(자리 위), 代(대신할 대)

288

匕(huà) (呼跨切 – 호과절) (될 화)

變也. 從到人. 凡匕之屬皆從匕.
'변하다'이다. 거꾸로 선 人을 따른다.

說明 甲骨文은 𝄞으로, 사람이 거꾸로 된 모습을 그린 것이다. 小篆과 자형
이 같다. '匕'는 '人'의 방향을 변화시켜 변화하였다는 뜻을 나타낸
것으로, '化'와 同字이다.[170]

屬字 眞(참 진), 化(될 화)

---

170) 董蓮池, 『說文部首形義通釋』(中國, 東北師範大學出版社), p.213.

289

匕(bǐ) (卑履切 – 비리절) (비수 비)

相與比叙也. 從反人, 匕亦所以用比取飯, 一名柶. 凡匕之屬皆從匕.
比의 다음 것과 같다. 人을 반대로 한 것을 따른다. 匕는 또한 比를 사
용하여 밥을 취하기에 일명 수저라고도 한다.

說明 甲骨文의 자형은 ?로, 몸을 웅크리고 있는 형상이며 小篆과 자형이
다르다. 小篆에서는 人의 반대 형태이나 甲骨文에서는 그렇지 않다.
許慎의 지형, 자의 해석은 정확하지 않다.

屬字 匙(숟가락 시), 卓(높을 탁), 艮(어긋날 간)

290

从 (cóng) (疾容切 – 질용절) (좇을 종)

相聽也. 從二人. 凡从 之屬皆從从.
'서로 듣다'이다. 두 개의 人을 따른다.

說明 甲骨文의 자형은 ??으로, 두 사람이 서로 따라가는 형상이다. 혹은
세 개의 人을 따르는데 같은 것이다.[171] 本部에 수록된 '從'字는 실
제는 '从'과 같은 字이다. '따라가다'가 本義이며, '서로 듣다'는 引申
義이다.

屬字 從(좇을 종), 幷(어우를 병)

291

比(bǐ) (毗至切 – 비지절) (견줄 비)

密也. 二人爲从, 反从爲比. 凡比之屬皆從比.

---

171) 徐中舒, 『甲骨文字典』(中國, 四川辭書出版社), p.916.

‘친밀하다’이다. 두 개의 人은 从이고 从의 반대는 比이다.

說明 甲骨文의 자형은 ﾶｵ이다. 甲骨文에는 正反의 구별이 없으므로, 从의 甲骨文과 자형이 유사하여 구별하기 쉽지 않다. 그러나 卜辭에서 두 자는 서로 달리 사용되었다.[172]

屬字 毖(삼갈 비)

292

北(bèi) (博墨切 – 박묵절) (등 배)

乖也. 從二人相背. 凡北之屬皆從北.

‘배반하다’이다. 두 개의 人이 서로 등지고 있는 것을 따른다.

說明 甲骨文의 자형은 ﾶｵ으로, 두 사람이 서로 등지고 있는 형상이다. ‘背’의 初文이며, 방향을 나타내는 ‘북쪽’으로 假借되었다.[173] 本部에는 하나의 屬字만 수록되어 있다.

屬字 冀(바랄 기)

293

丘(qiū) (去鳩切 – 거구절) (언덕 구)

土之高也. 非人所爲也. 從北從一, 一, 地也. 人居在丘南, 故從北.
中邦之居在崑崙東南. 一曰四方高中央下爲丘. 象形. 凡丘之屬皆從丘.

땅의 높은 곳을 말한다. 사람에 의해 만들어진 것이 아니다. 北과 一을 따르며, 一은 땅이다. 사람은 언덕의 남쪽에 살므로 北을 따를 것이다. 제후의 봉토는 崑崙의 동남쪽에 있었다. 일설에는 사방의 높고 중앙이 낮은 것을 丘이라고 한다. 상형이다.

---

172) 上揭書, p.920.
173) 董蓮池, 『說文部首形義通釋』(中國, 東北師範大學出版社), pp.215～216.

甲骨文의 자형은 ⛰로, 언덕이 높이 솟아 있는 형상이다.[174] 徐中舒
는 "사람이 사는 동굴의 양 측면이 높고 가운데의 出入하는 부분이
낮은 형상"이라고 하였다.[175] '北'과는 아무런 관련이 없으므로, 許說
에서 '從北從一'라고 한 것은 잘못된 자형분석이다.

屬字　虗(빌 허), 阺(웅덩이 니)

294

似(yīn) (魚音切 – 어음절)

衆立也. 從三人. 凡似之屬皆從似. 讀若欽崟.
무리를 지어 서 있는 것이다. 세 개의 人을 따른다. '欽' 혹은 '崟'처럼
읽는다.

說明　甲骨文의 자형은 ⺆⺆으로, 세 개의 人을 따르며 小篆과 자형이 같다.
그러나 從의 甲骨文 역시 세 개의 人을 따르는 경우가 있었으므로
실제상 從의 異體字이다.[176] 許說에서 '衆立也'라고 하였으므로 董蓮
池는 衆의 異體字라고 보고 있다.[177]

屬字　衆(무리 중)

295

壬(tíng) (他鼎切 – 타정절) (정)

善也. 從人, 士. 士, 事也. 一曰象物出地挺生也. 凡壬之屬皆從壬.
착하다는 뜻이다. 人과 士를 따른다. 士는 事이다. 일설에는 물건이 땅
을 뚫고 나와 자라는 모습을 그린 것이라고 한다.

---

174) 上揭書, p.216.
175) 徐中舒, 『甲骨文字典』(中國, 四川辭書出版社), p.924.
176) 上揭書, p.926.
177) 董蓮池, 『說文部首形義通釋』(中國, 東北師範大學出版社), p.217.

說明 甲骨文의 자형은 ⏚으로, 사람이 흙 위에 우뚝 서 있는 모습이다. 그러므로 挺의 初文이다. '善也'는 本義가 아니다.[178] 許愼의 자형분석도 잘못된 것이다.

屬字 徵(부를 징)

296

重(zhòng) (柱用切 – 주용절) (무거울 중)

厚也. 從王, 東聲. 凡重之屬皆從重.

육중하다는 뜻이다. 王을 따르며, 東성이다.

說明 甲骨文에는 보이지 않으며, 金文에는 𤤬으로 되어 있다. 마치 사람이 등에 물건을 지닌 형상으로 本義는 '무겁다'는 뜻이다. '東'과 '人'을 會意字이미로 許說에서 '從王, 東聲'과 같이 形聲字로 분석한 것은 정확하지 않다. '厚'는 引申義이다.[179]

屬字 量(헤아릴 량)

297

臥(wò) (吾貨切 – 오화절) (엎드릴 와)

休也. 從人臣, 取其伏也. 凡臥之屬皆從臥.

'쉬다'라는 뜻이다. 人과 臣을 따르며, 그것을 취하여 엎드린 것이다.

說明 甲骨文에서 단독으로 쓰인 경우는 없다. 屬字 '監'의 甲骨文을 고찰해 보면 '臥'의 甲骨文 자형은 𦣞인데, 古文字에서는 正反의 구별이 없으므로 甲骨文 자형 𦣞인 '見'과 같은 字이다. 金文에는 𦣞으로 되어 있다. 마치 사람이 엎드리고 아래를 보는 형상이다. 또한 屬字 '監'은

---

178) 上揭書, p.217.
179) 上揭書, p.218.

'살피다'의 뜻이고, '臨'의 本義 역시 '살피다'의 뜻이므로 '臥'는 '見'의 異體字이며 本義 역시 '살피다'가 아닌가 생각된다.[180] 臣과는 무관하므로 許說의 '從人臣, 取其伏也'는 정확하지 않다.[181]

屬字 監(볼 감), 臨(임할 림)

298

身(shēn) (失人切 − 실인절) (몸 신)

躬也. 象人之身. 從人, 厂聲. 凡身之屬皆從身.

몸이다. 사람의 몸의 형태이다. 人을 따르며, 厂성이다.

說明 甲骨文의 자형은 인데, 배가 불룩한 형상으로 여자가 아이를 孕胎한 모습이다.[182] 甲骨文은 혹은 배 속에 '子'나 점을 그린 것도 있는데 배 속에 아이가 있음을 나타낸다. 獨體象形이며, 許說 '從人, 厂聲'은 정확하지 않다. 金文은 小篆과 자형이 같다. 本部에는 하나의 屬字만 수록되어 있다.

屬字 軀(몸 구)

299

𨈜(yī) (旁陌切 − 방맥절)

歸也. 從反身. 凡𨈜之屬皆從𨈜.

'돌아가다'이다. 身의 반대로 된 것을 따른다.

說明 甲骨文의 자형은 인데, 甲骨文에는 正反의 구별이 없으므로 '身'과 同一字이다. 小篆과 자형이 유사하다. 本部의 屬字는 하나뿐이다. 현

---

180) 筆者의 見解.
181) 徐中舒, 『甲骨文字典』(中國, 四川辭書出版社), p.219.
182) 徐中舒, 『甲骨文字典』(中國, 四川辭書出版社), p.931.

대문에서 단독으로 쓰인 경우는 없다.

屬字 殷(성할 은)

300

衣(yī) (於稀切 – 어희절) (옷 의)

依也. 上曰衣, 下曰裳. 象覆二人之形. 凡衣之屬皆從衣.

依이다. 위의 것은 衣라 하고 아랫것은 裳이라 한다. 두 사람을 덮은
모습이다.

說明 甲骨文의 자형은 으로, 羅振玉은 "옷깃으로 좌우를 감싸 덮은 형
상"이라고 하였다. '象覆二人之形'이라고 한 許愼의 자형해석은 정확
하지 않다.183)

屬字 裁(마를 재), 袞(곤룡포 곤), 袗(홑옷 진), 製(지을 제)

301

裘(qiú) (巨鳩切 – 거구절) (갖옷 구)

皮衣也. 從衣, 求聲. 一曰象形, 與衰同意. 凡裘之屬皆從裘.

가죽옷이다. 衣를 따르며, 求성이다. 일설에는 상형이라고 하고, 衰와
같은 의미라고 한다.

說明 甲骨文의 자형은 으로, 털이 겉에 드러난 가죽옷이다. 西周의 金文
에서는 와 같이 '又'聲을 추가하여 形聲字가 되었으며, 나중에는
'又'聲을 '求'聲으로 고쳐 자형은 小篆과 유사하게 되었다.184) 本部에
는 '鬲裘'라는 하나의 속자만 수록되어 있는데, 訓은 '裘裏'이며 현대
문에는 보이지 않는다.

---

183) 上揭書, p.933.
184) 董蓮池, 『說文部首形義通釋』(中國, 東北師範大學出版社), pp.221~222.

302

老(lǎo) (盧皓切 – 로호절) (늙을 로)

考也. 七十日老. 從人, 毛, 匕, 言須髮變白也. 凡老之屬皆從老.
考이다. 70세가 되면 늙었다고 한다. 人과 毛, 匕를 따르며, 수염과 머리털이 하얗게 변한 것을 말한다.

說明 甲骨文의 자형은 로, 노인이 지팡이를 짚고 있는 형상이다. 지팡이가 점차 匕로 변화되어 小篆과 같게 되었다. 老와 考는 같은 뜻이며 轉注의 관계이다.[185] 許愼의 '從人, 毛, 匕'라는 자형분석은 정확하지 않다.

屬字 耆(늙은이 기), 壽(목숨 수), 考(상고할 고), 孝(효도 효)

303

毛(máo) (莫袍切 – 막포절) (털 모)

眉髮之屬及獸毛也. 象形. 凡毛之屬皆從毛.
눈썹과 머리털, 짐승의 털을 말한다. 상형이다.

說明 老가 毛를 따른다 하였으므로 甲骨文의 자형은 이며, 金文은 로 되어 있는데 사람의 머리털의 형상이다. 小篆과 자형이 같다.[186]

屬字 毨(털갈 선), 氈(모전 전)

304

毳(cui) (此芮切 – 차예절) (솜털 취)

獸細毛也. 從三毛. 凡毳之屬皆從毳.

---

185) 上揭書, pp.222～223.
186) 李徹, 「說文部首硏究」(國立臺灣師範大學 석사학위논문, 民國 76年), p.303.

짐승의 가는 털이다. 세 개의 毛를 따른다.

[說明] 甲骨文에는 보이지 않고, 金文은 🌿로, 小篆과 자형이 같다. 段注에서는 "털이 가늘면 촘촘하므로, 세 개의 毛를 따른 것은 '많다'는 뜻일 것이다."라고 하였다.

305

尸(shī) (式脂切 – 식지절) (주검 시)

陳也. 象臥之形. 凡尸之屬皆從尸.

'진열하다'이다. 누워 있는 모습을 그린 것이다.

[說明] 甲骨文의 자형은 ?으로 人과 비슷하며, 아랫부분을 구불구불하게 만들어 양자를 區分하였다. 夷의 本字이며, 夷로 尸를 대체하고 屍의 뜻을 尸에 담는데, 許愼은 尸의 本義를 모르고 '陳也. 象臥之形'이라고 하였으므로 정확하지 않다.[187]

[屬字] 居(있을 거), 展(펼 전), 尼(중 니), 屋(집 옥)

---

187) 董蓮池, 『說文部首形義通釋』(中國, 東北師範大學出版社), p.224.

306

尺(chǐ) (昌石切 – 창석절) (자 척)

十寸也. 人手卻十分動脈, 爲寸口. 十寸爲尺. 尺, 所以指尺規榘事
也. 從尸, 從乙, 乙, 所識也. 周制, 寸, 尺, 咫, 尋, 常, 仞諸度量,
皆以人之體爲法. 凡尺之屬皆從尺.

十寸이다. 사람의 손은 十分으로 나뉠 수 있는데 동맥을 寸口라고 한
다. 十寸은 한 尺이다. 척은 자로 사물의 기준을 정하는 것을 말한다.
尸와 乙을 따르며, 乙은 판별한 것이다. 周나라 제도에는 寸, 尺, 咫,
尋, 常, 仞 등의 度量형이 있었는데, 모두 사람의 신체를 그 법으로 삼
았다.

說明 甲金文에는 보이지 않는다. 早期甲金文에서 '尺', '寸'과 같은 度量의
단위를 찾아볼 수 없으므로 후세에 생긴 글자로 보인다.[188]

屬字 咫(길이 지)

307

尾(wěi) (無斐切 – 무비절) (꼬리 미)

微也. 從到毛在尸後. 古人或飾系尾, 西南夷亦然. 凡尾之屬皆從尾.

微이다. 毛를 뒤집어 尸 뒤에 놓은 것을 따른다. 옛사람들은 간혹 꼬리
를 매어 장식하였으며, 서남 오랑캐도 그러하다.

說明 甲骨文의 자형은 으로, 사람의 뒤에 꼬리로 장식한 모습이다. '微'
는 聲訓이다. 단지 '尾'라는 명칭의 由來만 알려 줄 뿐, 글자의 뜻은

---

188) 李徹, 「說文部首研究」(國立臺灣師範大學 석사학위논문, 民國 76年), p.197.

정확하게 알려 주지 못하였다.[189]

屬字 屬(엮을 속), 屈(굽을 굴), 尿(오줌 뇨)

308

履(lǚ) (良止切 – 량지절) (신 리)

足所依也. 從尸從彳從夂, 舟象履形. 一曰尸聲. 凡履之屬皆從履.

발이 의지하는 것이다. 尸와 彳, 夂를 따른다. 舟는 신발의 모양과 같
다. 일설에는 尸가 聲이라고 한다.

說明 甲骨文에는 보이지 않고 金文에는 𦩻로, 마치 한 사람이 배를 타고
가는 모습이다. 玉篇에는 '履, 踐也'라고 하였다. 밟으려면 신을 신어
야 하므로 '신'이라는 뜻으로 引申된 것으로 보인다. 許愼은 그것을
모르고 本義로 잘못 여긴 것이다.[190] 小篆과 자형이 다르다.

屬字 屨(신 구), 屩(신 교), 屐(나막신 극)

309

舟(zhōu) (職流切 – 직류절) (배 주)

船也. 古者共鼓, 貨狄刳木爲舟, 剡木爲楫, 以濟不通. 象形. 凡舟之
屬皆從舟.

배이다. 옛사람 共鼓와 貨狄이 나무를 깎아 배를 만들고, 나무를 꺾어
노를 만들어 강을 건넜으니 통하지 않는 곳이 없었다. 상형이다.

說明 甲骨文의 자형은 𝄡로, 배의 형상이며 小篆과 자형이 유사하다. 春秋
時代에 와서 小篆과 같은 자형으로 변하였다. 본부에 수록된 '船'과
'舟'부는 轉注의 관계이다. 또한 屬字 '般'은 '盤'의 初文으로 '舟'와

---

189) 董蓮池, 『說文部首形義通釋』(中國, 東北師範大學出版社), p.226.
190) 上揭書, 227.

는 아무런 관련이 없다. 甲骨文에서 '배'와 '쟁반'의 자형이 비슷하였는데 篆文에 와서는 잘못 전해진 까닭으로 보인다.

屬字　兪(점점 유), 船(배 선), 般(돌 반), 服(옷 복)

310

方(fāng) (府良切 – 부량절) (모 방)

併船也. 象兩舟省緫頭形. 凡尸之屬皆從尸.

배를 나란히 한 것이다. 두 개의 배의 머리를 묶은 것을 생략한 모습이다.

說明　甲骨文의 자형은 으로, 徐中舒는 쟁기의 모습이라고 하였다.[191] '배를 나란히 한 모습'은 아니므로 許愼의 '併船也. 象兩舟省緫頭形'이라는 解說은 정확하지 않다. 字形은 小篆과 유사하다.

屬字　斻(떼배 항)

311

亻(rén) (如鄰切 – 여린절) (사람 인)

仁人也. 古文奇字人也. 象形. 孔子曰: "在人下, 故詰屈." 凡亻之屬皆從亻.

어진 사람이다. 人의 古文字이다. 상형이다. 孔子가 이르길 "亻은 아래에 있는 것이므로 굽혀졌다."고 했다.

說明　甲骨文의 자형은 ?으로, 人의 甲骨文과 같다. 小篆의 자형과도 같다. 原文에는 "在人下"로 되어 있으나 段注에는 "亻在下"로 교정하였으므로 해석은 그것을 따랐다. 그것은 즉 "'亻'을 따르는 글자들은 모두 위에 다른 글자가 오므로, '亻'은 아래에 있기에 굽힌다."는 뜻이다.[192]

---

191) 徐中舒, 『甲骨文字典』(中國, 四川辭書出版社), pp.953~954.

兒(아이 아), 允(진실로 윤), 充(찰 충), 亮(밝을 량)

312
兄

兄(xiōng) (許榮切 – 허영절) (맏 형)

長也. 從儿, 從口. 凡兄之屬皆從兄.
어른이다. 儿와 口를 따른다.

說明 甲骨文의 자형은 ♀으로, 小篆과 같다. 자형으로부터는 어떻게 형이란 뜻을 나타내게 되었는지 알 수 없다.[193] 徐灝는『說文解字注箋』에서 추측하여 이르기를 "儿과 口를 따르는 것은 '生長'을 뜻한다. 많은 사람들이 '生'과 같다고 하지만 '長'이라 하는 것이 타당하다. 그런 고로 남자 先生을 '兄'이라 부를 것이다."라고 하였다.

313
先

先(zān) (側岑切 – 측잠절)

首笄也. 從儿, 匕象簪形. 凡先屬皆從先.
머리 비녀이다. 人을 따르며 匕는 비녀의 모양을 본뜬 것이다.

說明 甲骨文의 자형은 ♀으로, 여자가 머리에 비녀를 꼽은 모습이다.[194] 小篆과 자형이 다르다. 俗語로는 '釵'라고도 하는데 지금은 俗語가 행하고 正語는 폐하였다.

---

192) 董蓮池,『說文部首形義通釋』(中國, 東北師範大學出版社), p.229.
193) 上揭書. p.230.
194) 徐中舒,『甲骨文字典』(中國, 四川辭書出版社), p.973.

314

皃(mào) (莫教切 − 막교절) (얼굴 모)

頌儀也. 從人, 白象人面形. 凡皃之屬皆從皃.

용모이다. 人을 따르며, 白은 사람의 얼굴 모습을 그린 것이다.

說明 甲骨文의 자형은 으로, 小篆과 자형이 같다. 白은 얼굴을 뜻한다. 전체 자형으로부터 볼 때 사람을 나타내며 얼굴을 강조하였다. 段注에서 "頌者, 今之容字"라 하였다. 今文은 '貌'字를 쓰고 있다.

315

𠑹(gǔ) (公戶切 − 공호절)

廱蔽也. 從儿, 象左右皆蔽形. 凡𠑹之屬皆從𠑹. 讀若瞽.

'가리다'라는 뜻이다. 儿을 따르며, 좌우를 모두 가린 모양이다. 瞽와 같이 읽는다.

說明 甲金文에 보이지 않으므로 자형의 來源을 알 수 없다. 許愼의 解說은 "자형의 구성은 덮개와 같은 물건으로 사람의 눈과 귀를 모두 가린 형상"이라는 뜻이다.[195] 今文에서는 보이지 않는다.

屬字 兜(투구 두)

316

先(xiān) (穌前切 − 소전절) (먼저 선)

前進也. 從儿, 從之. 凡先之屬皆從先.

'나아가다'이다. 儿과 之를 따른다.

說明 甲骨文의 자형은 으로, 之 혹은 止가 儿 위에 있는 형태이다. 之나

195) 董蓮池, 『說文部首形義通釋』(中國, 東北師範大學出版社), p.231.

止는 모두 '가다'의 의미이므로, '先'의 本義는 '사람의 앞에서 가다'
일 것이다.

屬字 兟(나아갈 신)

317

兂(tū) (他谷切 - 타곡절) (대머리 독)

無髮也. 從儿, 上象禾粟之形, 取其聲. 凡兂之屬皆從兂. 王育說∶ 蒼
頡出, 見兂人伏禾中, 因以制字. 未知其審.

머리털이 없음이다. 儿을 따르고, 윗부분은 이삭 팬 벼의 모양을 그린
것이며, 그 음성을 취하였다. 王育說에 "蒼詰이 나왔다가 대머리인 사
람이 벼 속에서 엎드려 있는 것을 보고 이 글자를 만들었다."고 하지만
실제로 그런지는 알 수가 없다.

說明 甲金文에 모두 보이지 않는다. 說文에 의하면, 王育說에 蒼頡이 '兂'字
를 만들었다고 하였는데 甲金文에는 보이지 않으므로 蒼頡이 文字를
만들었다고 하는 蒼頡說이 의심스럽다.

屬字 穨(쇠퇴할 퇴)

318

見(jiàn) (古甸切 - 고전절) (볼 견)

視也. 從儿, 從目. 凡見之屬皆從見.

'보다'이다. 儿과 目을 따른다.

說明 甲骨文의 자형은 𥄎 혹은 𥄎으로, 사람이 눈을 뜨고 보는 형상이다.
小篆과 자형이 같다.

屬字 視(볼 시), 觀(볼 관), 覽(볼 람), 親(친할 친)

319

覞 (yào) (弋笑切 - 익소절) (아울러 볼 요)

竝視也. 從二見. 凡覞之屬皆從覞.

'아울러 보다'이다. 두 개의 見을 따른다.

說明　甲金文에는 보이지 않는다. 小篆의 자형에 의하면 두 사람이 같이 살
피는 형상이다.

320

欠(qiàn) (去劍切 - 거검절) (하품 흠)

張口气悟也. 象气從儿上出之形. 凡欠之屬皆從欠.

입을 벌려서 공기를 밖으로 내보냄이다. 마치 공기가 사람 위로 나오는
모습과 같다.

說明　甲骨文의 자형은 　으로, 마치 사람이 꿇어앉아 입을 벌리고 있는 모
습과 같다. 小篆에서는 사람의 입이 '彡' 형태로 변하였는데 許愼은
그것을 '气'字를 반대로 쓴 것으로 잘못 보고 '象气從人上出之形'이라
하였는데 정확하지 않다.196)

屬字　吹(불 취), 欲(하고자 할 욕), 歌(노래 가), 次(버금 차)

321

歙(yǐn) (於錦切 - 어금절) (마실 음)

歠也. 從欠, 酓聲. 凡歙之屬皆從歙.

'마시다'이다. 欠을 따르며, 酓성이다.

說明　甲骨文의 자형은 　으로, 마치 사람이 머리를 숙이고 혀를 내밀어 술

---

196) 上揭書, p.235.

독의 술을 마시는 모습과 같다. 오늘날에는 飮으로 대체하였다. 本部
의 하나뿐인 屬字 '歠'은 '飮'과 互訓된다.

屬字 歠(마실 철)

322

次(xián) (叙連切 – 서연절) (부러워할 선)

慕欲口液也. 從欠從水. 凡次之屬皆從次.
부러워하는 것을 그릴 때 생기는 입안의 액체이다. 欠과 水를 따른다.

說明 甲骨文의 자형은 으로, 마치 사람의 입에서 타액이 밖으로 흘러 나
가는 모습과 같다. 甲骨文에서는 타액을 표시하는 점들이 篆文에 와
서는 '水'로 변하였다. 本部를 따르는 글자들은 모두 '부러움, 탐욕'
등에 관련 있다.

屬字 羨(부러워할 선), 盜(훔칠 도)

323

旡(jì) (居未切 – 거미절) (목멜 기)

飮食气逆不得息曰旡. 從反欠. 凡旡之屬皆從旡.
마실 때에 공기가 통하지 않아 숨을 쉴 수가 없음을 旡라고 한다. 欠의
반대 형태를 따른다.

說明 甲骨文의 자형은 으로, 사람이 꿇어앉아 머리를 돌리고 입을 벌린
모습이다. 小篆에서는 '입'의 형태가 역시 변하였다. 『說文句讀』에 의
하면 "欠은 길게 쉬는 숨인데 이것을 반대로 하면 숨을 쉬지 못하는
것이다."라고 하였다.

324

頁(xié) (胡結切 - 호결절) (머리 혈)

頭也. 從百從儿. 古文䭫首如此. 凡頁之屬皆從頁. 百者, 䭫首字也.

머리이다. 百와 儿을 따른다. 古文 䭫首는 이와 같다. 百는 䭫首이다.

說明 甲骨文의 字形은 𩑣으로, 사람의 머리와 몸을 그린 것이며, 머리에는 머리털이 있다. 金文 𩒈은 머리 부분과 몸을 변화시켰다. 甲骨文은 비교적 상세하게 그려진 반면 小篆은 많이 생략되고 변화되었다. 현대음은 'yè'이다.

屬字 頭(머리 두), 顏(얼굴 안), 頌(기릴 송), 額(이마 액)

325

百(shǒu) (書九切 - 서구절) (머리 수)

頭也. 象形. 凡百之屬皆從百.

머리이다. 상형이다.

說明 甲骨文은 𠙽으로, 頁과는 달리 머리 부분만 그려 머리라는 뜻을 나타냈다. 小篆과 자형이 다르다. 甲骨文에서는 頁과 首를 생략한 것이다. 사실 頁, 首와 一字이다.[197] 三字 모두 각각의 屬字가 있으므로 세 개의 部首로 나뉘어 세웠을 것이다. 本部에는 肉과 百를 따르는 屬字 하나가 있는데 音은 '耳由切'이고 訓은 '面溫和'이다.

---

197) 董蓮池, 『說文部首形義通釋』(中國, 東北師範大學出版社), p.238.

326

面(miàn) (彌箭切 – 미전절) (낯 면)

顔前也. 從百, 象人面形. 凡面之屬皆從面.

얼굴의 앞면이다. 百를 따르며, 사람의 얼굴 형태이다.

說明 甲骨文은 으로, 사람의 머리의 윤곽과 얼굴을 대표하는 기관인 눈을 그려 얼굴이라는 뜻을 나타낸 것이다. 象形이다. 許說에서는 百를 따른다고 하였는데 이는 小篆의 자형에만 의한 잘못된 분석이다.

屬字 靦(부끄러워할 전), 䩉(뺨 보), 靨(보조개 엽)

327

丏(miǎn) (彌兗切 – 미연절) (가릴 면)

不見也. 象壅蔽之形. 凡丏之屬皆從丏.

'보이지 않는다'이다. 막아서 가린 모습이다.

說明 甲骨文의 자형은 丁으로, 사람(人) 위에 물건(一)이 가로막혀 보이지 않음을 나타낸다. 丏部에는 屬字가 없다.

328

首(shǒu) (書九切 – 서구절) (머리 수)

百同. 古文百也. 巛象髮, 謂之鬊, 鬊卽巛也. 凡首之屬皆從首.

百와 같다. 고문의 百이다. 巛은 머리카락을 그린 것인데 鬊이라 하며, 鬊은 곧 巛이다.

說明 甲骨文의 자형은 로, 百의 甲骨文보다 머리털이 더 나 있으나 사실 두 字는 같은 字이다. 說文에서는 머리털이 있는 것과 없는 것을 구

분하여 두 字를 각각 部首로 세웠다.[198] 金文은 으로, 눈을 강조함
으로써 머리라는 뜻을 나타내었다.

329

臮(jiāo) (古堯切 – 고요절) (매달 현)

到首也. 賈侍中說, 此斷首到縣臮字. 凡臮之屬皆從臮.
머리를 거꾸로 한 것이다. 賈侍中說에 의하면 머리를 베어 거꾸로 매단
것이 縣자라고 하였다.

說明 甲金文에 단독으로 쓰인 경우는 보이지 않는다. 金文에서 屬字 縣을
찾아볼 수 있는데, 와 같이 나뭇가지에 머리를 매단 형태이며 머
리가 거꾸로 걸린 형상은 아니다. 현대문에서는 단독으로 쓰인 경우
는 찾아볼 수 없고 '縣'과 같이 쓰인다.

屬字 縣(매달 현)

330

須(xū) (相俞切 – 상유절) (수염 수)

面毛也. 從頁, 從彡. 凡須之屬皆從須.
얼굴의 털이다. 頁과 彡를 따른다.

說明 甲骨文에는 보이지 않고 金文에는 로 되어 있는데 머리를 뜻하는
頁에서 얼굴부분에 긴 수염을 그린 것으로 수염을 뜻하는 會意字이다.

屬字 頾(코밑수염 자)

198) 徐中舒, 『甲骨文字典』(中國, 四川辭書出版社), pp.993～994.

331

彡(shān) (所銜切 – 소함절) (터럭 삼)

毛飾畫文也. 象形. 凡彡之屬皆從彡.
털로 장식한 무늬이다. 상형이다.

說明 甲骨文의 자형은 으로 小篆과 유사하다. 털로 장식한 무늬나 조각한 무늬를 가리킨다.

屬字 形(모양 형), 修(닦을 수), 彰(밝을 창), 彫(새길 조)

332

彣(wén) (無分切 – 무분절) (벌겋고 퍼런 빛 문)

有彧 也. 從彡, 從文. 凡彣之屬皆從彣.
밝은 무늬가 있음이다. 彡과 文을 따른다.

說明 甲金文에는 보이지 않는다. 彣彰이 있다는 뜻으로 쓰인다. 段注에 이르기를 "有彧은 밝은 무늬가 있음을 뜻한다. 즉 무늬가 있는 것은 모두 彣이라고 한다. 彣과 文은 그 뜻이 다르다. 文章은 모두 彣彰이라고 해야 하며 文章이라 한 것은 생략한 것이다."라고 하였다.[199]

屬字 彦(선비 언)

333

文(wén) (無分切 – 무분절) (무늬 문)

錯畫也. 象交文. 凡文之屬皆之從文.
교차되게 그린 것이다. 교차하는 무늬와 같다.

說明 甲金文의 字形은 모두 으로, 사람이 바로 서 있는 형상이며, 가슴

---

199) 斷玉裁, 『說文解字注』(上海古籍出版社, 1988), p.425.

에는 문신이 새겨져 있다. 文 가운데에 있는 ∨, ×, ω 등은 장식을 한 것 같다. 朱芳圃는 '文'을 '文身'의 '文'으로 보았으며, 嚴一萍 역시 '文'은 文身의 形象이라고 말하였으니 가히 믿을 만하다.[200] 小篆에서는 가슴의 문신이 생략된 형태이다. 許愼의 해석이 잘못되었다.

屬字 斐(오락가락할 비)

334

髟(biāo) (必凋切. 又, 所銜切) (머리털 드리워질 표)

長髮猋猋也. 從長, 從彡. 凡髟之屬皆從髟.
머리털이 길게 드리운 모양이다. 長과 彡을 따른다.

說明 甲骨文에는 보이지 않고 金文에서는 ᤈ로 되어 있다. 긴 머리털이 날리는 형상이며 小篆과 자형이 다르다. 長의 金文과 유사하나 구별이 있으며, 彡을 따르지 않는다.

屬字 髮(터럭 발), 髲(다리 피), 髻(머리 묶을 괄)

335

后(hòu) (胡口切 – 호구절) (임금 후)

繼體君也. 象人之形. 施令以告四方, 故厂之. 從一口, 發號者, 君后也. 凡后之屬皆從后.
부락단체를 이어가는 임금이다. 사람의 형태이다. 명령하여 사방에 알리는 것이므로 厂을 사용하였을 것이다. 一과 口를 따르며, 명령하는 자는 임금이다.

說明 甲骨文의 자형은 ᤈ으로, 人과 厶을 따른다. 528부 厶에 수록된 '育'

200) 于省吾, 『甲骨文字詁林』(中華書局, 1996), pp.3264~3266.

의 甲骨文 字形은 으로, 여자가 아이를 낳는 모습의 會意字이다. 갑골문에서 '后'字는 '女'가 '人'으로 바뀌었을 뿐, '育'과 마찬가지로 아이를 낳는 모습을 그린 것이다. 說文에서는 厂과 一, 口의 會意字로 보고 있는데 정확하지 않다. 오늘날에는 '後'의 간체자로 '后'를 쓰고 있다.

336

司(sī) (息茲切－식자절) (맡을 사)

臣司事於外者. 從反后. 凡司之屬皆從司.

臣과 司는 밖에서 정사를 다스리는 사람을 칭한다. 后와 반대되는 것을 따른다.

說明 甲骨文의 字形은 으로, 입과 숟가락을 그린 것인데 먹는다는 뜻을 나타낸다.[201] 許愼의 '臣司事於外者. 從反后'라는 분석은 정확하지 않다.

屬字 詞(말씀 사)

337

卮(zhī) (章移切－장이절) (잔 치)

圜器也. 一名觛, 所以節飮食. 象人, 卩 在其下也. 『易』曰君子節飮食. 凡卮之屬皆從卮.

둥근 그릇이다. 일명 觛이라고 하는데 그로 인하여 먹고 마시는 데 절도가 있다. 위는 人과 같으며, 그 아래에 卩이 있다. 『周易』에 "君子節飮食"이라고 일컫다.

說明 甲金文에 모두 보이지 않는다. 小篆의 자형을 관찰하면 그릇 형태가 아니므로, 圜器라 함은 假借義일 것이다.

201) 徐中舒, 『甲骨文字典』(中國, 四川辭書出版社), p.998.

338

卩(jiě) (子結切 – 자결절) (병부 절)

瑞信也. 守國者用玉卩, 守都鄙者用角卩, 使山邦者用虎卩, 土邦者用人
卩, 澤邦者用龍卩, 門關者用符卩, 貨賄用璽卩, 道路用旌卩. 象相合之
形. 凡卩之屬皆從卩.

신표이다. 나라를 지키는 사람은 玉卩을 사용하였고, 都鄙를 지키는 사
람은 角卩을 사용하였으며, 山을 지날 때는 虎卩을 사용하고, 땅을 지날
때는 人卩을 사용하고, 澤을 지날 때는 龍卩을 사용하였으며, 문을 지키
는 자는 符卩을 사용하고, 뇌물을 관리하는 자는 璽卩을 사용하며, 도로
를 관리하는 자는 旌卩을 사용하였다. 서로 합쳐진 모습이다.

說明 甲骨文의 자형은 𝄢로, 사람이 땅에 꿇어앉아 있는 형상이다. 許說의
'象相合之形'은 잘못된 자형 분석이다. 현대문에서는 가운데 점을 생
략하여 '卩'로 쓴다.

屬字 令(영 령), 卷(쇠뇌 권), 卲(높을 소), 卸(풀 사)

339

印(yìn) (於刃切 – 어인절) (도장 인)

執政所持信也. 從爪, 從卩. 凡印之屬者皆從印.
執政할 때 지니는 신표이다. 爪와 卩을 따른다.

說明 甲骨文의 자형은 𝄢으로, 손으로 사람을 눌러 꿇어앉히는 형상이며,
按과 抑의 初文이다. 許說에서 '신표'라고 한 것은 假借義 혹은 引申
義이다.[202]

---

202) 董蓮池, 『說文部首形義通釋』(中國, 東北師範大學出版社), pp.246～247.

340

色(sè) (所力切 – 소력절) (빛 색)

顔气也. 從人, 從卩. 凡色之屬皆從色.

미간에 나타나는 기운이다. 人과 卩을 따른다.

說明 甲骨文의 자형은 ㅎ으로, 칼 옆에 사람이 꿇어앉은 형상으로서 斷絶
의 의미하는 회의자이다. 刀는 刕로도 쓰이므로 또한 卲이기도 하다.
즉 色과 卲는 고문에서 같은 字이다. 色의 甲骨文과 印의 甲骨文은
유사하다. 許愼이 '顔气也'라 한 것은 假借義이며, 刀를 人으로 잘못
보고 해석하였다.203)

屬字 艴(발끈할 불), 艵(옥색 병)

341

卯(qīng) (去京切 – 거경절) (벼슬 경)

事之制也. 從卩丣. 凡卯之屬皆從卯. 闕.

일 처리에서의 법칙이다. 卩과 丣를 따른다.

說明 甲骨文의 字形은 𝕏으로, 두 사람이 입을 벌리고 앉아 마주 보고 있
는 형상이다. 嚮의 初字이다.204)

屬字 卿(벼슬 경)

342

辟(bì) (必益切 – 필익절) (임금 벽)

法也. 從卩從辛, 節制其罪也. 從口, 用法者也. 凡辟之屬皆從辟.

203) 徐中舒, 『甲骨文字典』(中國, 四川辭書出版社), p.1013.
204) 上揭書, p.1013.

법이다. 卩과 辛을 따르며, 그 죄를 억제함이다. 口를 따르며, 입은 법
을 사용하는 것이다.

說明 甲骨文의 字形은 𦥑으로, 사람이 무릎을 꿇고 처벌을 받는 형상인데
법의 위력을 나타내고 있으며, 법을 뜻하는 데 쓰인다. 金文은 𦥑으
로, 'ㅇ'이 추가되었는데 'ㅇ'은 璧의 象形이며, 여기서는 符號로 쓰였
다. 許說에서 '從口, 用法者也'는 정확하지 않다.

343

勹(bāo) (布交切 – 포교절) (쌀 포)

裹也. 象人曲形. 有所包裹. 凡勹之屬皆從勹.
꾸러미를 뜻한다. 사람의 구부러진 모습이다. 보자기로 싸는 것이다.

說明 甲骨文의 字形은 𠂊으로, 사람이 엎드려 있는 측면 모습인데 伏의 初
文이다.[205] 小篆과 자형이 같다. 本部에 수록된 屬字들은 모두 初文
인 伏의 의미를 따른다. 許說의 '裹也'는 假借義이다.

屬字 匍(길 포), 匐(길 복), 勻(적을 균), 勾(모을 구)

344

包(bāo) (布交切 – 포교절) (쌀 포)

象人裹妊, 巳在中, 象子未成形也. 元气起於子. 子, 人所生也. 男左
行三十, 女右行二十, 俱立於巳, 爲夫婦. 裹妊於巳, 巳爲子. 十月而
生, 男起巳至寅, 女起巳至申, 故男年始寅, 女年始申也. 凡包之屬皆
從包.
사람이 잉태한 모습인데, 巳가 가운데에 있는 것은 미숙아의 모양이다.
원기는 子에서 인다. 子는 사람이 낳는 것이다. 남자는 子에서 左行하

---

205) 于省吾, 『甲骨文字釋林』(中華書局, 1979), p.374.

여 30번째 자리, 여자는 右行하여 20번째 자리는 모두 巳에 이르므로 부부가 된다. 여자는 巳에서 회임을 하는데, 巳는 아기를 뜻한다. 10개월이 지나면 낳는데, 남자는 巳에서 시작하여 寅에서 그치고, 여자는 巳에서 시작하여 申에서 그친다. 그러므로 (사주를 볼 때) 남자는 寅에서 시작하고 여자는 申에서 시작한다.

說明 甲骨文의 字形은 으로, 배 속에 아이가 있는 모습이다. 巳는 태아의 모습이다. 人을 그린 것 역시 태아가 있음을 뜻하는 것이다. 許愼은 陰陽五行說로 해석하였다.

屬字 胞(태보 포), 匏(박 포)

345

苟(ji) (己力切 – 기력절) (경계할 격)

自急敕也. 從羊省, 從包省, 從口, 口猶愼言也. 從羊, 羊與義, 善, 美同意. 凡苟之屬皆從苟.

스스로 급하나 경계하여 신중하게 말하는 것이다. 羊의 생체를 따르고, 包의 생체를 따르며, 口를 따르는데, 口는 오히려 신중하게 말하는 것을 뜻한다. 羊을 따르는데, 羊은 義, 善, 美와 같은 뜻이다.

說明 甲骨文의 字形은 🦴으로, 徐中舒는 강아지가 두 귀를 세우고 앉아서 놀라 하는 모습으로서 '警'의 初文이라고 하였다.[206] 그러나 하반부 🦴는 강아지가 아닌 사람이 꿇어앉아 있는 모습으로, 사람이 공손하게 꿇어앉아 두 귀를 기울이고 듣는 형상으로 보이므로, '예의 바르다'라는 뜻의 '敬'의 初文이라 생각된다.

屬字 敬(공경할 경)

---

206) 徐中舒, 『甲骨文字典』(中國, 四川辭書出版社), p.1020.

346

鬼(guǐ) (居偉切 – 거위절) (귀신 귀)

人所歸爲鬼. 從人, 象鬼頭. 鬼, 陰气賊害, 從厶. 凡鬼之屬皆從鬼.
사람이 돌아(歸)가면 鬼라 한다. 人을 따르고 위는 귀신의 머리를 그린
것이다. 귀신은 陰氣여서 해가 되므로 厶를 따른다.

說明 甲骨文의 字形은 𥄉으로, 사람이 얼굴에 假面 같은 것을 쓰고 앉아 있
는 형상이다. 사람의 얼굴과는 다르다는 것으로 鬼神을 나타내고 있
다. 歸와 鬼는 同音이다.

屬字 魂(넋 혼), 魄(넋 백), 魅(도깨비 매), 魔(마귀 마)

347

甶(fú) (敷勿切 – 부물절)

鬼頭也. 象形. 凡甶之屬皆從甶.
귀신의 머리이다. 상형이다.

說明 甲骨文의 字形은 ⊕이다. 鬼의 머리는 田 형태로 되어 있으나 ⊕로
된 것은 없다. ⊗(406)은 정수리를 뜻한다고 하였는데 두 甲骨文이
실제로는 같은 字이므로 甶의 本義는 정수리인 듯싶다.[207]

屬字 畏(두려워할 외), 禺(긴 꼬리 원숭이 우)

348

厶(sī) (息夷切 – 식이절) (사사 사)

姦衺也. 韓非曰蒼詰作字, 自營爲厶. 凡厶之屬皆從厶.
'간사하다'이다. 韓非子에 이르길 "蒼詰이 글자를 만들 때 사사로움을
厶라고 했다."

---

207) 董蓮池, 『說文部首形義通釋』(中國, 東北師範大學出版社), pp.254～255.

說明 甲金文에는 보이지 않고 古璽에는 Ⓖ로 되어 있는데 그 來源이 未詳
이다.

屬字 簒(빼앗을 찬)

349

嵬(wéi) (五灰切 – 오회절) (높을 외)

高不平也. 從山, 鬼聲. 凡嵬之屬皆從嵬.

높고 평평하지 않은 것이다. 山을 따르며 鬼성이다.

說明 甲金文에는 보이지 않는다. 나중에 생긴 形聲字이다.

屬字 魏(나라이름 위)

卷九下

350

山(shān) (所間切 – 소간절) (뫼 산)

宣也. 宣气散, 生萬物. 有石而高. 象形. 凡山之屬皆從山.

宣이다. 宣通한 기가 흩어져 만물은 생장한다. 돌이 있어 높다. 상형이다.

說明 甲骨文의 字形은 으로, 산봉우리가 병립된 형상이다. 山과 火의 甲
骨文 은 유사하다. 金文은 으로, 점차 小篆과 같은 자형으로 변
화되었다.

屬字 島(섬 도), 岡(산등성이 강), 密(빽빽할 밀)

岫(shēn) (所臻切 – 소진절) (같이 선 산 신)

二山也. 凡岫之屬皆從岫.

두 개의 산이다.

說明 甲金文에는 보이지 않는다. 小篆의 자형은 산 두 개가 나란히 건 모습이다.

屬字 嵞(산 이름 도)

屵(è) (五葛切 – 오갈절)

岸高也. 從山, 厂, 厂亦聲. 凡屵之屬皆從屵.

높은 언덕이다. 山과 厂을 따르며, 厂은 聲이다.

說明 甲金文에는 보이지 않는다. 山과 언덕을 뜻하는 厂을 합하여 '높은 언덕'을 나타내고 있다.

屬字 岸(언덕 안), 崖(벼랑 애)

广(yǎn) (魚儉切 – 어검절) (집 엄)

因厂爲屋. 象對刺高屋之形. 凡广之屬皆從广. 讀若儼然之儼.

산의 언덕바위로 된 집이다. 앞면의 가옥이 높이 솟아 찌를 듯한 모습을 그렸다. 儼然의 儼처럼 읽는다.

說明 甲金文에서 단독으로 쓰인 경우는 없으나 屬字의 부수를 살펴보면 字形은 ∧으로, 宀의 甲骨文 자형과 같으며, 지붕의 형상을 그린 것이다.

屬字 府(곳집 부), 庭(뜰 정), 序(차례 서), 底(밑 저)

354

厂(hǎn) (呼旱切 - 호한절) (기슭 한)

山石之厓巖. 人可居. 象形. 凡厂之屬皆從厂.

산의 언덕바위이다. 사람이 살 수 있다. 상형이다.

說明 甲骨文의 字形은 으로, 甲骨文에서는 石과 同字이다.[208]

屬字 厓(언덕 애), 厜(산꼭대기 수), 厎(숫돌 지)

355

丸(huán, 今音wán) (胡官切 - 호관절) (알 환)

圜, 傾側而轉者. 從反仄. 凡丸之屬皆從丸.

둥근 것인데, 한쪽으로 기울어 도는 것이다. 仄의 반대를 따른다.

說明 甲金文에는 보이지 않고 漢印에는 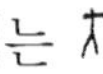로 되어 있다. 마치 허리가 굽은 사람이 지팡이를 짚고 있는 모습과 유사하다. 許說은 둥근 것이 한쪽으로 기울어 드는 것이라고 했는데 자형에서는 그런 모습을 찾아보기 어렵다.

356

危(wēi) (魚爲切 - 어위절) (위태할 위)

在高而懼也. 從厃, 自卪止之. 凡危之屬皆從危.

높은 데 있어서 위태로움이다. 厃을 따르며, 스스로 멈춤이다.

說明 甲骨文에는 보이지 않는데 厃의 甲骨文 字形은 으로, 한쪽으로 기운 그릇의 모양이다.[209] 許愼은 小篆을 사람이 높은 곳에서 허리를

208) 徐中舒, 『甲骨文字典』(中國, 四川辭書出版社), p.1031.
209) 上揭書, p.1032.

굽히고 서 있는 형상이라고 잘못 인식하고 '在高而懼'라고 해석하였다. 한쪽으로 기울어서 위험하다는 뜻을 나타내는 것 같다.

屬字 　敧(기울 기)

357

石(shí) (常隻切 – 상척절) (돌 석)

山石也. 在厂之下, 口象形. 凡石之屬皆從石.

산의 돌이다. 厂의 아래에 있으며, 口는 상형이다.

說明 　甲骨文의 字形은 ﾛ 혹은 ﾛ으로, 돌을 象形한 것이다. '在厂之下, 口象形'은 소전의 자형에만 의한 잘못된 해석이다.

屬字 　磨(갈 마), 硏(갈 연), 確(굳을 확), 硯(벼루 연)

358

長(cháng) (直良切 – 직량체) (길 장)

久遠也. 從兀, 從匕. 兀者, 高遠意也. 久則變化. ﾄ聲. ﾄ者, 倒亾.
凡長之屬皆從長.

'오래고 멀다'이다. 兀과 匕를 따른다. 兀은 높고 멀다는 뜻이다. 오래면 곧 변하게 된다. ﾄ성이며, ﾄ은 곧 거꾸로임을 뜻한다.

說明 　甲骨文의 字形은 ﾂ으로, 사람의 발과 긴 머리를 그려 길다는 뜻을 나타내었다. 金文 ﾂ은 小篆과 字形이 유사하다.

屬字 　猌(독사 절)

359

勿(wù) (文弗切 – 문불체) (말 물)

州里所建旗.象其柄, 有三游, 雜帛, 幅半異, 所以趣民, 故遽, 稱勿
勿. 凡勿之屬皆從勿.

州里에 세우는 깃발이다. 그 자루에 세 가닥의 띠와 雜帛이 있으며, 전
체 幅은 半赤半白이다. 이것은 백성들을 집합시키는 데 사용하였으며,
급박하다는 의미를 갖고 있으므로 勿勿이라 불렀을 것이다.

說明 甲骨文의 字形은 ⸜으로, 학자들의 解釋이 各異하다. 郭沫若은 笏의 初
文이라 하였고, 王襄 등은 物의 本字라 하였고, 劉心源 등은 鳥의 古
文이라고 하였다. 徐中舒는 "弓弦을 그린 것인데 옆의 점들은 弓弦이
진동함을 의미한다."라고 해석하였다.[210]

屬字 昜(볕 양, 陽과 同字)

360

冉(rǎn) (而琰切 – 이염절)

毛冉冉也. 象形. 凡冉之屬皆從冉.

털이 부드럽게 아래로 늘어진 모양이다. 상형이다.

說明 甲骨文의 字形은 ⋔으로, 털이 부드럽게 아래로 드리운 형상이며, 小
篆과 유사하다. 金文은 小篆과 字形이 같다. 本部에는 屬字가 없다.

361

而(ér) (如之切 – 여지체) (말 이을 이)

頰毛也. 象毛之形. 『周禮』曰作其鱗之而. 凡而之屬皆從而.

---

210) 上揭書, p.1042.

뺨의 털이다. 털의 모양을 그렸다. 『周禮』에 이르길 "作其鱗之而"(얼굴에 나는 털을 而라 한다.)고 하였다.

說明 甲骨文의 字形은 이고, 金文은 이다. 小篆과 金文은 甲骨文에서 조금 변화되었다. 而는 얼굴에 나는 털의 총칭이었는데 후에 '아래로 드리우다'의 뜻으로 쓰이게 되었다.

屬字 耏(구레나룻 깎을 내)

362

豕(shǐ) (式視切 – 식시절) (돼지 시)

彘也. 竭其尾, 故謂之豕. 象毛足而後有尾. 讀與豨同. 桉: 今世字, 誤以豕爲彘, 以彘爲豕, 何以明之? 爲啄, 琢從豕. 蠡從彘. 皆取其聲, 以是明之. 凡豕之屬皆從豕.

돼지이다. 꼬리를 들어 올리므로 豕라고 했을 것이다. 털과 발과 그 뒤에 꼬리가 있는 모습이다. 豨와 같이 읽는다. 지금의 글자에 보면 豕를 彘의 잘못으로, 彘를 豕의 잘못이라고 하는데 어느 것이 분명한가? 啄과 琢은 豕를 따른다. 蠡는 彘를 따른다. 모두 그 聲을 취하였으니 이것만은 분명하다.

說明 甲骨文의 字形은 으로, 큰 배에 꼬리를 드리운 돼지의 모양이다. 金文은 와 같은 형태로 되었다가 점차 小篆과 같은 字形으로 변화되었다.

屬字 豰(작은 돼지 혹), 豨(멧돼지 희), 豕(발 얽은 돼지걸음 축)

363

彑(yì) (羊至切 – 양지절)

脩豪獸. 一曰: 河內名豕也. 從互, 下象毛足. 凡彑之屬皆從彑. 讀若弟.

긴 털 짐승을 말한다. 일설에는 강에서 사는 돼지라고도 한다. 彑를 따르며, 아래는 털과 발을 그렸다. 弟와 같이 읽는다.

說明 甲骨文의 字形은 이고, 金文은 인데, 모두 털이 긴 동물을 그린 것이다. 彑部에도 字가 수록되어 있는데 '豕走也'라고 되어 있고, 같은 부수에 수록되어 있는 彖에 대해서는 '豕也'라고 되어 있는데 모두 豕의 異體字이다.[211]

364

彑(jì) (居例切 – 거예절) (고슴도치 머리 계)

豕之頭. 象其銳而上見也. 凡彑之屬皆從彑. 讀若罽.

돼지의 머리이다. 그 날카로움이 위에 보이는 것과 같다. 罽와 같이 읽는다.

說明 甲骨文에는 보이지 않고 金文에서 部首로 사용된 경우의 字形은 으로, 실제는 아래의 一이 없어야 한다. 돼지의 머리라고 하였으나 豕의 甲骨文과 金文의 자형에는 위와 같은 형태를 취하지 않았다.

屬字 彘(돼지 체), 彖(단 단)

365

豚(tún) (徒魂切 – 도혼절) (돼지 돈)

小豕也. 從彖省, 象形. 從又持肉, 以給祠祀. 凡豚之屬皆從豚.

작은 돼지이다. 彖에서 省體된 것을 따르며, 상형이다. 손(又)으로 고기(肉)를 쥔 것을 따르며, 제사를 지내는 것이다.

說明 甲骨文의 字形은 으로 豕이와 肉을 따르는데, 돼지고기라는 뜻의 會意字이다. 金文은 으로 小篆과 자형이 같다.

211) 李徹, 「說文部首硏究」(國立臺灣師範大學 석사학위논문, 民國 76年), p.234.

366

豸(zhì) (池爾切 – 지이절) (발 없는 벌레 치)

獸長脊, 行豸豸然, 欲有所司殺形. 凡豸之屬皆從豸.

등뼈가 긴 짐승인데, 걸을 때 등이 풍성하고 커지며, 司殺하려고 하는 모습이다.

說明 甲骨文의 字形은 豸으로, 猛獸가 입을 벌리고 있는 형상이다. 肉食동물을 가리킨다. 字形은 小篆과 유사하다. 許愼은 說文 蟲部(473)에서 "발이 있는 동물을 蟲이라 하고, 발이 없는 동물을 豸라 한다."고 하였는데 서로 뒤바뀐 것이다.

屬字 豹(표범 표), 豺(승냥이 시), 貂(담비 초), 貍(삵 리)

367

嘼(sì) (徐姉切 – 서자절)

如野牛而靑. 象形, 與禽, 离頭同. 凡嘼之屬皆從嘼.

들소와 같으며 푸른색이다. 상형이다. 禽, 离와 머리가 같다.

說明 甲骨文의 字形은 嘼으로, 머리에 큰 뿔이 하나 있는 동물의 형상이다. 즉 코뿔소의 모습과 같다. 本部에는 屬字가 없다.

368

易(yì) (羊益切 – 양익절) (바꿀 역)

蜥易, 蝘蜓, 守宮也. 象形. 『祕書』說, "日月爲易, 象陰陽也." 一曰從勿. 凡易之屬皆從易.

도마뱀인데, 蝘蜓, 守宮이라고도 부른다. 상형이다. 머리와 네 개의 다리를 그린 것이다. 『祕書』에 이르기를 "日과 月이 합쳐져 易인데, 陰陽과 같다."고 하였다. 일설에는 勿을 따른다고 한다.

<table>
<tr><td>說明</td><td>甲骨文의 字形은 ⿰으로, 두 개의 술잔으로 서로 술을 붓고 받는 형상이다. 허신은 도마뱀이라고 하였는데 도마뱀과는 아무런 관계가 없는 잘못된 해석이며, "日과 月이 합쳐져 易"이라고 한 분석 역시 易의 소전에서 하반부 勿을 月로 잘못본 것이믄으로 잘못된 설명이다. 本義는 '주다'(賜)이었을 것으로 추정되는데 '나중에 바꾸다'라는 의미로 변화되었다. 후에 생략되어 𠂤로 변하였다. 本部에는 屬字가 없다.</td></tr>
</table>

369

象(xiàng) (徐兩切 – 서량절) (코끼리 상)

長鼻牙, 南越大獸, 三年一乳. 象耳, 牙, 四足之形. 凡象之屬皆從象.
긴 코와 이빨을 가진 南越의 큰 짐승인데, 삼 년에 한 번 새끼를 낳다. 귀와 이빨, 네 발의 모양을 그린 것이다.

說明 甲骨文의 字形은 𧰨으로, 코끼리를 그린 것이다. 甲骨文에서는 가로된 것을 세로 그린 경우가 많다.

屬字 豫(미리 예)

370

馬(mǎ) (莫下切 – 막하절) (말 마)

怒也, 武也. 象馬頭, 髦, 尾, 四足之形. 凡馬之屬皆從馬.

성을 내며, 무기이다. 말의 머리와 털, 꼬리, 네 개의 발을 그린 모양이다.

說明 甲骨文의 字形은 ⚇으로, 말을 그린 것이다. 春秋시대(石鼓文)부터 小篆과 같은 자형으로 쓰였다. 許說의 '怒也, 武也'는 聲訓이며 말이란 이름의 유래와 형태상의 특징을 설명하고 있는데 字義解釋의 정확성이 부족하다.212)

屬字 駒(망아지 구), 駱(낙타 락), 駿(준마 준), 馮(탈 빙)

371

廌(zhì) (宅買切 – 택매절) (법 치)

解廌獸也, 似山牛, 一角. 古者決訟, 令觸不直. 象形, 從豸省. 凡廌之屬皆從廌.

해태라는 짐승으로, 들소와 비슷하고 뿔 하나 있다. 옛날에는 죄를 다툴 때 옳지 않은 자를 뿌리로 떠받게 하였다. 상형이며, 豸의 생체를 따른다.

說明 甲骨文의 字形은 ⚇으로, 두 개의 뿔이 있는 소와 비슷하게 생긴 동물의 형상이다.

屬字 薦(천거할 천)

---

212) 董蓮池, 『說文部首形義通釋』(中國, 東北師範大學出版社), p.271.

372

鹿(lù) (盧谷切 - 로곡절) (사슴 록)

獸也. 象頭, 角, 四足之形. 鳥, 鹿足相似, 從匕. 凡鹿之屬皆從鹿.
짐승이다. 머리와 뿔과 네 발을 그린 것이다. 새와 사슴은 발이 서로 비슷하다. 匕를 따른다.

說明 甲骨文의 字形은 🦌으로, 사슴의 형상인데 가지가 많은 뿌리가 그 특징이다. 許愼은 '鳥, 鹿足相似, 從匕'라고 하였는데 틀린 것이다.[213) 小篆의 字形을 보면 鳥와 鹿은 모두 匕를 따르는 것 같으나 사실은 발을 그린 것이다.

屬字 麟(기린 린), 麋(큰사슴 미), 麗(고울 려), 麀(암사슴 우)

373

麤(cū) (倉胡切 - 창호절) (거칠 추)

行超遠也. 從三鹿. 凡麤之屬皆從麤.
'멀리 뛰다'라는 뜻이다. 세 개의 鹿을 따른다.

說明 甲骨文의 字形은 🦌🦌으로, 두 개의 사슴을 그린 것인데 甲骨文에서는 두 개나 세 개나 같은 字이다. 같은 것을 여러 개 그린 것은 '많다'라는 의미이므로 本義는 역시 사슴의 무리를 뜻하였을 것이다. 지금은 거칠다는 뜻으로 쓰인다. 屬字에는 麤와 土를 따르는 글자 하나만 수록되어 있는데 音은 '直珍切'이고 訓은 '鹿行揚土'이다. 塵과 同字일 것이다.

---

213) 上揭書, p.272.

374

怠(chuò) (丑略切 – 축략절)

獸也. 似兔, 靑色而大. 象形. 頭與兔同, 足與鹿同. 凡怠之屬皆從怠.
짐승이다. 토끼와 비슷한데, 푸른색이며 크다. 상형이다. 머리는 토끼와
같고, 다리는 사슴과 같다.

說明 甲骨文의 字形은 　으로, 사슴의 다리와 같은 동물의 형상이다. '怠'에
대하여 許說에서 '토끼의 머리와 같다'는 것은 兔의 小篆과 머리 부
분이 유사하기 때문이다.

375

兔(tù) (湯故切 – 탕고절) (토끼 토)

獸名. 象踞, 後其尾形. 兔頭與怠頭同. 凡兔之屬皆從兔.
짐승이름이다. 웅크리고 앉아 있는 모습이며, 뒤는 꼬리이다. 토끼의 머
리는 怠와 같다.

說明 甲骨文의 字形은 　로, 긴 귀에 짧은 꼬리의 토끼를 그린 것이다. 說
文에서는 怠와 머리가 같다고 하였는데 甲骨文에서는 같은 점이 보이
지 않는다.

屬字 逸(달아날 일), 冤(원통할 원)

376

萈(huān) (胡官切 – 호관절)

山羊細角者. 從兔足. 苜聲. 凡萈之屬皆從萈. 讀若丸. 寬字從此.
뿌리가 가는 산양이다. 토끼의 발을 따른다. 苜성이다. 丸과 같이 읽는
다. 寬字는 이것을 따른다.

甲骨文에는 보이지 않고 金文의 字形은 羊으로, 산양을 그린 獨體象形이다. 許說에서 形聲字로 분석한 것은 정확하지 않다. 許說에서 寬字가 莧을 따른다고 하면서도 本部에는 屬字가 없다는 것이 또한 모순이다.

377

犬(quǎn) (苦泫切 - 고현절) (개 견)

狗之有縣蹏者也. 象形. 孔子曰 : 「視犬之字如畫狗也」. 凡犬之屬皆從犬.
개 가운데서 발굽이 달린 놈이다. 상형이다. 공자가 이르기를 "犬자를 보면 개를 그린 것과 같다."고 했다.

說明 甲骨文의 字形은 彳으로, 긴 꼬리를 특징으로 그린 개의 측면 모습이다.

屬字 狗(개 구), 尨(삽살개 방), 戾(어그러질 려), 臭(냄새 취)

378

狀(yín) (語斤切 - 어근절)

兩犬相齧也. 從二犬. 凡狀之屬皆從狀.
두 마리의 개가 서로 물어뜯는 것이다. 두 개의 犬을 따른다.

說明 甲骨文의 字形은 狀으로, 두 마리의 개가 나란히 서 있는 모습이다. 許說에서처럼 서로 물어뜯는 모습은 아니다.

屬字 嶽(큰 산 악)

379

鼠(shǔ) (書呂切 - 서려절) (쥐 서)

穴蟲之總名也. 象形. 凡鼠之屬皆從鼠.
구멍 속에서 사는 동물이다. 상형이다.

說明 甲骨文에는 보이지 않고 金文의 字形은 ✦로, 쥐를 그린 것인데, 小篆
과 자형이 같다.

屬字 𪖥(두더지 분), 鼫(석서 석), 鮈(새앙쥐 구)분

380

能(néng) (奴登切 – 노등절) (능할 능)

熊屬. 足似鹿. 從肉, 㠯聲. 能獸堅中, 故稱賢能. 而彊壯, 稱能傑也.
凡能之屬皆從能.

곰과에 속한다. 다리는 사슴과 비슷하다. 肉을 따르며, 㠯聲이다. 能이
라는 짐승은 堅中하므로 賢能이라고 불렀을 것이다. 또 强壯하므로 能
傑이라고도 쓰이게 되었다.

說明 甲骨文에는 보이지 않고 金文의 字形은 ✦으로, 곰을 간략해 그린
獨體象形이다. 許說에서 形聲字로 분석한 것은 小篆의 자형만 보고
분석한 오류이다. 本部에는 屬字가 없다.

381

熊(xióng) (羽弓切 – 우궁절) (곰 웅)

獸. 似豕, 山居, 冬蟄. 從能, 炎省聲. 凡熊之屬皆從熊.
짐승이다. 돼지와 비슷하고 산에서 살며, 동면한다. 能을 따르며, 炎의
생체 된 소리이다.

說明 甲金文에 모두 보이지 않는 後起字이다. 徐灝는 『說文解字注箋』에서
熊의 本義는 '火光'이라 하였다. 짐승을 뜻하는 것은 假借義이다.

屬字 羆(큰 곰 비)

382

火(huǒ) (呼果切 - 호과절) (불 화)

熿也. 南方之行, 炎而上. 象形. 凡火之屬皆從火.

熿이다. 남쪽으로 行하며, 불타오르는 것이다. 상형이다.

說明 甲骨文의 字形은 Ⅶ로, 불꽃이 타오르는 모습인데 山의 甲骨文과 유사하다. '南方之行'이란 五行說에 의한 해석이다.

屬字 然(그러할 연), 烈(세찰 렬), 炭(숯 탄), 光(빛 광)

383

炎(yán) (于廉切 - 간렴절) (불탈 염)

火光上也. 從重火. 凡炎之屬皆從炎.

불꽃이 위로 향한 것이다. 火가 겹친 것을 따른다.

說明 甲骨文의 字形은 ⿱火火으로, 불꽃이 훨훨 타오르는 모습의 會意字이다.

屬字 燄(불 당길 염), 㷃(데칠 섬)

384

黑(hēi) (呼北切 - 호북절) (검을 흑)

火所熏之色也. 從炎上出㷠, 㷠, 古窻字. 凡黑之屬皆從黑.

불에 그을린 색이다. 炎 위에 㷠이 있는 것을 따르며, 㷠은 窻의 古字이다.

說明 甲骨文의 字形은 ⿱大火으로, 사람이 정면으로 서 있는 모습을 그린 것인데, 머리 부분이 특이하다. 墨刑(五刑 중의 하나)을 받는 사람을 뜻한다.[214]

屬字 點(점 점), 黔(검을 검), 黕(때 담), 黨(무리 당)

---

214) 李徹, 「說文部首研究」(國立臺灣師範大學 석사학위논문, 民國 76年), p.250.

385

囪(chuāng) (楚江切 - 초강절) (천장 창)

在墻日牖, 在屋日囪. 象形. 凡囪之屬皆從囪.

담에 단 것은 牖라고 하고 집에 있는 것을 囪이라 한다. 상형이다.

說明 甲金文에 보이지 않는다. 屬字 悤의 金文은 ᔑᔑ으로 囪을 따르지 않고 ♦을 따르는데 ♦은 창문의 형상이 아니며 그 형상이 분명하지 않다.

屬字 悤(빠를 총)

386

焱(yàn) (以冉切 - 이염절) (불꽃 염)

火華也. 從三火. 凡焱之屬皆從焱.

불꽃이다. 세 개의 火를 따른다.

說明 甲骨文의 字形은 ᨆᨆ으로, 세 개의 火를 따르는 會意字이다.

屬字 熒(등불 형), 燊(성할 신)

387

炙(zhì) (之石切 - 지석절) (고기 구울 적)

炮肉也. 從肉在火上. 凡炙之屬皆從炙.

고기를 굽는다는 뜻이다. 肉이 火 위에 있는 것을 따른다.

說明 甲金文에서는 보이지 않는다. 戰國時代의 古璽에 炙과 같이 쓰고 있는데 字形字義는 小篆과 같다.

繘(제육 번)

388

赤(chì) (昌石切 – 창석절) (붉을 적)

南方色也. 從大, 從火. 凡赤之屬皆從赤.
남방의 색이다. 大와 火를 따른다.

説明 甲骨文의 字形은 으로, 사람이 불 위에 서 있는 모습으로 赤色이
本義가 아닌 듯싶다. 許慎을 비롯한 학자들은 大와 火를 따르는 會意
字로 해석하였다. 南方色이라고 함은 五行說에서 비롯된 것이다.

屬字 烔(붉을 동), 経(붉을 정), 赫(붉을 혁)

389

大

大(dài) (徒蓋切 – 도개절) (큰 대)

天大, 地大, 人亦大, 故大象人形. 古文大也. 凡大之屬皆從大.
하늘도 크고, 땅도 크고 사람 역시 크므로 大자는 사람의 모습과 같다.
고문 大자이다.

説明 甲骨文의 字形은 로, 두 팔과 다리를 벌리고 서 있는 사람의 정면
모습을 그린 것이다.

屬字 奄(가릴 엄), 夸(자랑할 과), 契(맺을 계), 夷(오랑캐 이)

390

亦(yì) (羊益切 – 양익절) (또 역)

人之臂亦也. 從大, 象兩亦之形. 凡亦之屬皆從亦.

사람의 팔이다. 大를 따르며, 양팔의 모습이다.

說明 甲骨文의 字形은 ⱄ으로, 두 팔과 다리를 벌리고 서 있는 사람의 정면 모습을 그린 것인데 두 개의 점은 겨드랑이에 무엇을 끼고 있는 모습이다. 小篆과 자형이 같으며 會意字이다.

屬字 夾(낄 협)

391

夨(zè) (阻力切 – 조력절)

傾頭也. 從大, 象形. 凡夨之屬皆從夨.
기울어진 머리이다. 大를 따르며, 상형이다.

說明 甲骨文의 字形은 ⱄ으로, 머리가 기운 사람의 모습이다. 小篆의 자형과 머리가 기운 방향이 상반된다.

屬字 癸(분개없을 혈), 吳(나라이름 오)

392

夭(yāo) (於兆切 – 어조절) (일찍 죽을 요)

屈也. 從大, 象形. 凡夭之屬皆從夭.
'구부러지다'이다. 大를 따르며, 상형이다.

說明 小篆의 자형은 머리가 오른쪽으로 기운 형태이나, 甲骨文의 字形은 ⱄ으로, 사람이 걸을 때 양쪽 팔을 흔드는 형상이며, 일찍 죽는 것과는 무관하다.

屬字 喬(높을 교), 奔(달릴 분)

393

交(jiāo) (古爻切 – 고효절) (사귈 교)

交脛也. 從大, 象交形. 凡交之屬皆從交.

다리를 교차한 것이다. 大를 따르며, 교차된 모습이다.

說明 甲骨文의 字形은 로, 사람이 다리를 교차시킨 모습이며 小篆과 자형이 같다.

屬字 絞(목맬 교)

394

尣(wāng) (烏光切 – 오광절) (기장 왕)

尣也, 曲脛也. 從大, 象偏曲之形. 凡尣之屬皆從尣.

'절뚝거리다'라는 뜻인데, 다리가 휜 것이다. 大를 따르며, 한쪽으로 휜 모습이다.

說明 甲骨文에는 보이지 않는다. 桂馥은 『說文義證』에서 "오른쪽 다리가 굽은 것이 尣이다."라고 하였다. 小篆의 자형을 보면 역시 사람이 절뚝거리며 걸어가는 모습과 같다. 隸書로는 尢으로 쓴다.

屬字 尵(무릎병 골), 尳(절뚝거릴 감), 尬(절름발이 개)

395

壺(hú) (戶吳切 – 호오절) (병 호)

昆吾, 圜器也. 象形. 從大, 象其蓋也. 凡壺之屬皆從壺.

술병인데, 둥근 그릇이다. 상형이다. 大를 따르며, 大는 그 뚜껑과 같다.

甲骨文의 字形은 🏺로, 병을 그린 것이며 위의 大는 그 뚜껑을 의미한다. 字形은 小篆과 같다.

396

壹(yī) (於悉切 – 어실절) (한 일)

專壹也. 從壺, 吉聲. 凡壹之屬皆從壹.
'전일하다'이다. 壺를 따르며 吉聲이다.

說明 甲金文에는 보이지 않는다. 小篆의 字形을 관찰해 보면, 壺 안에 吉이 들어 있는 형상이다. 凶자가 들어 있는 글자(壺의 屬字)도 있다.

397

羍(niè) (尼輒切 – 이첩절)

所以驚人也. 從大, 從羊. 一曰, 大聲也. 凡羍之屬皆從羍. 一曰讀若瓠. 一曰俗語以盜不止爲羍. 羍, 讀若爾.
그로 인하여 사람이 놀란다. 大와 羊을 따른다. 일설에는 大자가 聲부라 한다. 일설에는 瓠와 같이 읽는다고도 한다. 속어로 도적질을 그치지 못함을 羍라고도 한다. 羍는 爾처럼 읽는다.

說明 甲骨文의 字形은 🔱으로, 쇠고랑이의 형상이다. 사용할 때 가운데의 두 구멍에 손을 넣은 다음 양쪽을 끈으로 묶는다.[215] 屬字 執의 甲骨文을 보면 🦅으로, 사람이 죄를 지어 두 손이 묶여 있는 모습을 그린 것이다.

屬字 睪(엿볼 역), 執(잡을 집), 鷙(칠 주), 報(갚을 보)

---

215) 徐中舒, 『甲骨文字典』(中國, 四川辭書出版社), pp.1168~1169.

398

奢(shē) (式車切 - 식차절) (사치할 사)

張也. 從大, 者聲. 凡奢之屬皆從奢.
‘넓히다’이다. 大를 따르고 者성이다.

說明 甲骨文에는 보이지 않고 金文의 字形은 [字形]으로, 小篆과 자형이 같다.
‘크게 벌리다’의 뜻이다.

399

亢(gāng) (古郎切 - 고랑절) (목 항)

人頸也. 從大省, 象頸脈形. 凡亢之屬皆從亢.
사람의 목이다. 大자 省體를 따르며, 頸部 동맥의 모습이다.

說明 甲骨文에는 보이지 않고 金文은 [字形]으로, 사람이 버티고 서 있는 모습
이며 許慎의 자형풀이와는 다르다. 大와 비슷하며 밑의 一은 앞을
가리는 옷을 입은 모습과 같다. 현대문에서는 ‘kàng’으로 발음한다.

400

夲(tāo) (土刀切 - 토도절) (나아갈 도)

進趣也. 從大, 從十. 大, 十, 猶兼十人也. 凡夲之屬皆從夲. 讀若滔.
나아가다는 뜻이다. 大와 十을 따른다. 大와 十은 마치 열 사람이 같이
있는 것과 같다. 滔와 같이 읽는다.

說明 甲金文에 단독으로 쓰인 경우는 보이지 않는다. 屬字 夲의 字形은 [字形]
으로 초목의 형상이며, 夲를 따르지 않는다.

屬字 奏(아뢸 주)

夰(gǎo) (古老切 – 고노절)

放也. 從大而八分也. 凡夰之屬皆從夰.

내쫓다는 뜻이다. 大를 八로 나눈 것을 따른다.

說明 甲金文에는 보이지 않는다. 그 初形과 初義을 알 수 없다.

屬字 㚅(오만할 오), 㚆(밝을 호), 㚇(놀라 달아날 광)

才(dà) (他達切 – 타달절) (큰 대)

籒文大, 改古文. 亦象人形. 凡才之屬皆從才.

籒文의 大로 古文을 고친 것이다. 역시 사람의 모습과 같다.

說明 甲骨文의 字形은 𠘧으로, 사람이 두 팔과 다리를 벌리고 서 있는 정면을 그린 것인데 역시 大자이다. 說文에서는 389部의 大자와 小篆의 자형은 다르나 실제로는 같은 자이다. 許愼은 두 자로 보고 각각 部首를 세웠는데 중대한 오류이다. 현대문에서는 大자로 통일하여 사용하고 있다.

屬字 奕(클 혁), 奘(클 장), 奚(어찌 해), 奊(가냘플 연)

夫(fū) (甫無切 – 보무절) (지아비 부)

丈夫也. 從大, 一以象簪也. 周制以八寸爲尺, 十尺爲丈. 人長八尺, 故曰丈夫. 凡夫之屬皆從夫.

장부이다. 大를 따르며, 一은 비녀의 모습이다. 주나라의 제도에 의하면 八寸은 한 尺이 되고 십 尺은 한 丈이 된다. 사람은 팔 척까지 자라므로 丈夫라고 했을 것이다.

說明 甲骨文의 字形은 夫로, 역시 정면으로 서 있는 사람의 모습을 그린
것이다. ㅡ은 大와 구별하기 위한 부호일 뿐이다.[216]

屬字 規(법 규)

404

立(lì) (力入切 – 력입절) (설 립)

住也. 從大立一之上. 凡立之屬皆從立.

‘서다’이다. 大가 ㅡ 위에 서 있는 것을 따른다.

說明 甲骨文의 字形은 ⚘으로, 사람이 서 있는 정면 모습을 그린 것이다.
ㅡ은 땅을 본뜬 것이다. 갑골문에서는 王字의 형태와 유사하다.

屬字 端(바를 단), 竫(편안할 쟁), 竭(다할 갈), 竣(마칠 준)

405

竝(bìng) (蒲迥切 – 포형절) (아우를 병)

併也. 從二立. 凡竝之屬皆從竝.

‘나란하다’이다. 두 개의 立을 따른다.

說明 甲骨文의 字形은 ⚘⚘으로, 두 사람이 나란히 서 있는 모습으로 會意字
이다. 간체자에서는 ‘幷’과 통용하고 있다. 하나의 屬字 替(竝＋日)만
수록되어 있는데 訓은 ‘廢’이다. 즉 두 사람이 나란히 섰으므로 그중
하나는 폐하여진다는 뜻이다.[217] 현대문은 ‘替’로 교체하였다.

屬字 替(쇠퇴할 체)

---

216) 董蓮池, 『說文部首形義通釋』(中國, 東北師範大學出版社), pp.290~291.
217) 上揭書, p.292.

406

囟(xìn) (息進切 – 식진절) (정수리 신)

頭會, 𡿺蓋也. 象形. 凡囟之屬皆從囟.

머리의 뼈가 회합하는 부분이다. 상형이다.

說明 甲骨文의 字形은 ⊕으로, 정수리를 가리킨다. 갑골문은 347 甶부의
자형과 같으므로 실제로 동일자로 추정된다.

屬字 𪉗(목 갈길 렵)

407

思(sī) (息玆切 – 식자절) (생각할 사)

容也. 從心, 囟聲. 凡思之屬皆從思.

'깊고 밝다'이다. 心을 따르며, 囟의 聲을 따랐다.

說明 甲骨文에는 보이지 않는다. 小篆의 字形을 분석해 보면 머리를 가리
키는 囟과 마음을 가리키는 心을 따르므로 깊이 생각한다는 뜻을 나
타내었다. 形聲字가 아니라 會意字인 듯싶다. 段注에서는 '容'이 '깊
고 밝을 睿'의 誤字라고 하였다.

屬字 慮(생각할 려)

408

心(xīn) (息林切 – 식림절) (마음 심)

人心, 土藏, 在身之中. 象形. 博士說以爲火藏. 凡心之屬皆從心.

사람의 心인데, 土藏이며 몸 가운데 있다. 博士說에서는 火藏이라 여
기고 있다.

說明 甲骨文의 字形은 ♡이고 金文의 자형은 ⿱ 으로, 사람의 심장을 그린

것이다. '土藏・火藏'이란 말은 음양오행에 따른 것이며 本義와는 무
관하다.

屬字 情(뜻 정), 志(뜻 지), 忠(충성 충), 恭(공손할 공)

409

惢(suǒ) (才規, 才累二切 – 재규, 재루이절) (꽃술 예)

心疑也. 從三心. 凡惢之屬皆從惢. 讀若『易』旅瑣瑣.

마음에 의심이 있는 것이다. 세 개의 心을 따른다.『易』중의 '旅瑣'의
'瑣'(쇄)처럼 읽는다.

說明 甲金文에는 보이지 않는다. 세 개의 心을 따르므로 '多心'함을 뜻하
며, 多心은, 즉 疑心을 뜻한다. 현대문에서는 그 뜻은 없어지고 '蕊'
로 대체하여 '꽃술'의 뜻으로 쓰이고 있으며 발음도 상이하다.

屬字 繠(드리워질 예)

卷十一上

410

水(shuǐ) (式軌切 - 식궤절) (물 수)

準也. 北方之行, 象衆水並流, 中有微陽之气也. 凡水之屬皆從水.
'평평하다'이다. 북방으로 行하며, 많은 물이 나란히 흐르는 모습이며,
가운데는 약한 陽氣가 있다.

說明 　甲骨文의 字形은 **《**로, 강물이 흘러가는 모습을 그린 것이다. 許說 중
의 '中有微陽之气也'는 陰陽五行說에서 비롯된 것이다.

屬字 　江(강 강), 油(기름 유), 寢(잠길 침), 衍(넘칠 연)

卷十一下

411

沝(zhuǐ) (之壘切 - 지루절) (두 갈래 강 추)

二水也. 闕. 凡沝之屬皆從沝.
두 개의 水이다.

說明 　甲骨文의 字形은 **《《**으로, 두 개의 水를 따르며 小篆과 자형이 같다.
그 音義가 모두 빠져 있다. 甲骨文에서는 簡繁의 구별이 없으므로 실
제는 水와 同字이다. 屬字 의 甲骨文 자형은 **《**으로, 하나의 水와
步를 따르며 물을 건넌다는 뜻의 會意字이다.

屬字 　流(흐를 류 - 流), 涉(건널 섭 - 涉)

412

瀕(pín) (符眞切 - 부진절) (물가 빈)

水厓, 人所賓附, 瀕蹙不前而止. 從頁, 從涉. 凡瀕之屬皆從瀕.
물가인데, 사람이 이곳에 이르러 얼굴을 찡그린 채 나아가지는 못하고
멈추어 선 것이다. 頁과 涉을 따른다.

說明　甲骨文에는 보이지 않고 金文의 字形은 으로, 水와 步와 頁을 따르
며, 사람이 물가에 이르러 건너지 못하고 있음을 나타내는 會意字이
다.

屬字　顰(찡그릴 빈)

413

〈 (quǎn) (姑泫切 - 고현절)

水小流也.『周禮』"匠人爲溝洫, 枱廣五寸, 二枱爲耦, 一耦之伐, 廣
尺深尺, 謂之〈. 倍〈謂之遂, 倍遂曰溝, 倍溝曰洫, 倍洫曰〈〈." 凡〈
之屬皆從〈.
물이 작게 흘러가는 것이다.『周禮』생략함.

說明　甲骨文에 단독으로 쓰인 경우는 없으나 水의 字形은 ⟨, ⟨⟨, ⟨⟨⟨, ⟨⟨⟨, ⟨⟨⟨
등으로 모두 물이 흐름을 뜻하는 것이며 구별이 없다. 그러므로 水
와 同字이다. 說文에서는 물이 한 가닥이므로 '水小流也'라고 해석한
듯싶다. 本部에는 屬字가 없다.

414

〈〈(kuài) (古外切 - 고외절) (큰 도랑 괴)

水流澮澮也. 方百里爲〈〈, 廣二尋, 深二仞. 凡〈〈之屬皆從〈〈.

물이 합쳐 흘러가는 것이다. 길이가 百里인 강을 《《라고 하는데, 넓이가 二尋이고 깊이가 二仞이다.

【說明】 甲骨文에서는 단독으로 쓰인 경우는 없으나 水部에 속하는 글자들의 甲骨文을 살펴보면 《를 따르는 경우가 많으므로 《와 水는 甲骨文에서는 같이 쓰인 것으로 보인다. 즉 水와 同字이다.

【屬字】 粼(물 맑을 린)

415

川(chuān) (昌緣切 – 창연절) (내 천)

貫穿通流水也. 『虞書』曰: "濬〈《《距川". 言深〈《《之水會爲川也. 凡川之屬皆從川.

꿰뚫고 흘러가는 물이다. 『虞書』에 이르기를 "濬〈《《距川"이라 하였는데 그 말은 濬〈과 《《가 합치면 川이 된다는 뜻이다.

【說明】 甲骨文의 字形은 ﬧ으로, 양쪽 언덕 사이로 물이 흘러가는 모습이다. 甲骨文에서 水와 川은 모두 물이 흘러가는 모습으로 초기에는 같은 글자였을 것이나 후세에 의미가 점차 분화되어 川이란 글자로 분별하였을 것이다.[218]

【屬字】 巠(지하수 경), 巟(망할 황 – 本義는 '물이 넓다'이다.)
侃(강직할 간), 州(고을 주)

416

泉(quán) (疾緣切 – 질연절) (샘 천)

水原也. 象水流出成川形. 凡泉之屬皆從泉.

수원이다. 물이 땅속에서 솟아 나와 川을 이루는 모습을 본떴다.

---

218) 徐中舒, 『甲骨文字典』(中國, 四川辭書出版社), p.38.

說明 | 甲骨文의 字形은 으로, 샘물이 땅에서 솟아 나와 흐르는 모습이다. 小篆은 甲骨文보다 더 생략되었다.

本部에는 每糸 밑에 泉으로 이루어진 글자 하나만 수록되어 있는데 音은 '符萬切'이고 訓은 '泉水(샘물)'이다.

417

矗(xún) (詳遵切 – 상준절) (많은 물줄기 천)

三泉也. 闕. 凡矗之屬皆從矗.

세 개의 泉이다.

說明 | 甲金文에 모두 보이지 않는다. 이 글자의 음, 의가 모두 빠져 있다. 本部에는 厂 밑에 矗이 오는 글자 하나만 수록되어 있는데 音은 '愚 袁切'이고 訓은 '水泉本也'이다. 그것은 '厂은 많은 물이 흘러나오는 原泉'이라는 뜻이다. 한마디로 말하면 '原'이고, 두 마디로 말하면 '原泉'이다.[219]

418

永(yǒng) (于憬切 – 우경절) (길 영)

長也. 象水巠理之長. 詩曰: "江之永矣" 凡永之屬皆從永.

길다는 뜻이다. 물줄기가 긴 것을 나타낸다. 詩經에 이르기를 "양자강 은 길고 길다."라고 하였다.

說明 | 甲骨文의 字形은 혹은 좌우가 바뀐 형태이다. 人의 옆과 앞뒤에 물방울이 있는 형상인데 "사람이 물속에서 자맥질하다."라는 뜻의 會 意字로, 泳의 初文이다. 許說의 '長也'는 假借義이다.

屬字 | 羕(강이 길 양)

---

219) 斷玉裁, 『說文解字注』(上海古籍出版社, 1988), p.569.

派(pài) (匹卦切 – 필괘절)

水之衺流, 別也. 從反永. 凡派之屬皆從派. 讀若稗縣.

강물이 비껴 흐른다는 뜻인데, 큰 강이 나누어지는 것이다. 永을 반대로
쓴 것을 따른다. '稗縣'의 '稗(패)'처럼 읽는다.

說明 甲骨文의 字形은 〈〈으로, 甲骨文과 金文에서 正反 구별이 없기 때문에
永의 異體字이다.[220]

屬字 覛(몰래 볼 맥)

谷(gǔ) (古祿切 – 고록절) (골 곡)

泉出通川爲谷. 從水半見出於口. 凡谷之屬皆從谷.

샘이 나와 흘러서 하천으로 통하는 것을 谷이라고 한다. 水의 절반이
口에서 나오는 것을 따른다.

說明 甲骨文의 字形은 峇으로, 溪谷에서 물이 흘러나와 평원으로 흘러간다
는 뜻의 會意字이다.

屬字 谿(시내 계), 豁(뚫린 골 활), 谼(깊을 횡)

仌(bīng) (筆凌切 – 필능절) (얼음 빙)

凍也. 象水凝之形. 凡仌之屬皆從仌.

凍이다. 물이 얼어서 응고된 형상이다.

說明 甲骨文에서 단독으로 쓰인 경우는 보이지 않으나 金文에서는 ✦의 형

---

220) 董蓮池, 『說文部首形義通釋』(中國, 東北師範大學出版社), p.302.

태로, 얼음 덩어리를 그린 것인데 冰의 初文이다. 徐灝는 『說文解字注箋』에서 다음과 같이 말하였다. '夊'은 凝結된 것이 갈라지는 데서 그 모양을 본떴다. 諸書에서 夊이라 함은 모두 冰을 말하는 것이다. 그리하여 許愼은 冰을 凝으로 보았다. 살펴보면 夊의 形은 水의 省略이고 그 뜻은 自明하다. 『論衡・論死篇』에서는 '水가 凝結되어 冰이 되고, 冰이 풀어져 水가 된다. 모두 冰을 凝結하고 풀고 있으니 冰은 凝이 아니다.'라고 하여 許愼과는 다른 주장을 하고 있다. 冰은 夊의 後起字이다. 현대문에서 夊은 단독으로 쓰이는 경우는 없고 부수 'ㆍㄱ'로 쓰인다.

屬字 | 冰(얼음 빙), 凍(얼 동), 冬(겨울 동), 冷(찰 랭)

422

雨(yǔ) (王矩切 - 왕구절) (비 우)

水從雲下也. 一象天, 冂象雲, 水霝其間也. 凡雨之屬皆從雨.
물이 구름으로부터 떨어지는 것이다. 一은 하늘을 뜻하고, 冂은 구름을 뜻하며, 물이 떨어지는 것은 그 가운데 것이다.

說明 | 甲骨文의 字形은 冊으로, 빗방울이 하늘에서 떨어지는 모습을 그린 것이다. 윗부분의 一은 하늘을 뜻하는 것인데 점차 빗방울과 이어져서 위의 甲骨文과 같은 형태로 변하였다. 金文에서는 그 위에 또 하늘을 뜻하는 一을 추가하여 雨의 형태로 변하였다. 許說에서는 ∩를 구름과 같다고 해석하였는데 잘못된 것이다.[221]

屬字 | 電(번개 전), 震(벼락 진), 霄(하늘 소), 霜(서리 상)

221) 董蓮池, 『說文部首形義通釋』(中國, 東北師範大學出版社), p.304.

423

雲(yún) (王分切 – 왕분절) (구름 운)

山川气也. 從雨, 云象雲回轉形. 凡雲之屬皆從雲.
山川의 气이다. 雨를 따르며, 云은 구름이 회전한 형상이다.

說明 甲骨文의 字形은 云으로, 구름이 하늘에 떠 있는 모습을 뜻하는 會意字이다. 二는 上空을 뜻한다. 云과 발음은 같고 글자가 없는 '이르다'라는 말이 있었으니 云은 그 의미로 假借되고 云에 雨를 첨가하여 小篆과 같은 雲을 만들어 '구름'의 뜻을 부여하였다. 許慎은 古文 云은 雨를 생략한 것이라고 하였는데 잘못된 것이다.[222]

屬字 霒(흐릴 음)

424

魚(yú) (語居切 – 어거절) (고기 어)

水蟲也. 象形. 魚尾與燕尾相似. 凡魚之屬皆從魚.
물에서 사는 蟲이다. 상형이다. 물고기의 꼬리와 제비의 꼬리는 서로 비슷하다.

說明 甲骨文의 字形은 으로, 고기를 象形한 것이다. 說文에서 "魚尾與燕尾相似"라고 한 것은 魚의 小篆의 밑 부분의 灬는 火가 아니라 燕과 마찬가지로 꼬리를 象形한 것이라는 의미일 것이다.[223]

屬字 鰻(뱀장어 만), 鮎(메기 점), 鮮(고울 선), 鱗(비늘 린)

---

222) 斷玉裁, 『說文解字注』(上海古籍出版社, 1988), p.575.
223) 董蓮池, 『說文部首形義通釋』(中國, 東北師範大學出版社), p.305.

425

鱻(yú) (語居切 – 어거절) (두 마리 고기 어)

二魚也. 凡鱻之屬皆從漁鱻.

두 마리의 魚이다.

說明 甲金文에서 단독으로 쓰인 경우는 보이지 않는다. 하나뿐인 屬字 漁의 甲骨文 字形은 水와 魚 혹은 水와 网, 又 등으로 이루어진 형태만 보이고 두 대의 魚로 이루어진 문자는 보이지 않는다. 이 부수 역시 魚를 따르므로 따로 部首를 세우지 않아도 될 듯싶다.

屬字 漁(고기 잡을 어 – 魚자 하나는 생략되어 있다.)

426

燕(yàn) (於甸切 – 어전절) (제비 연)

玄鳥也. 籋口, 布翅, 枝尾. 象形. 凡燕之屬皆從燕.

제비이다. 집게 입, 넓게 펼친 날개, 가지 모양의 꼬리를 그린 것이다. 상형이다.

說明 甲骨文의 字形은 🔣으로, 제비를 간략하게 그린 것이다. 徐堅의 『初學記』에 이르기를 "燕, 一名玄鳥, 齊人呼乙"라고 하였으니 玄鳥는 제비를 일컫는 말이다. 燕의 小篆에서 火는 魚에서와 마찬가지로 꼬리를 가리킨다. 燕部에는 屬字가 없다.

427

龍(lóng) (力鍾切 – 력종절) (용 룡)

鱗蟲之長, 能幽能明, 能細能巨, 能短能長, 春分而登天, 秋分而潛淵. 從肉, 飛之形. 童省聲. 凡龍之屬皆從龍.

비늘이 있는 동물 중의 우두머리인데, 그윽하고도 밝으며, 세밀하고도 거칠며, 짧고도 긴데, 춘분에는 승천하고, 추분에는 연못에 내린다. 肉을 따르며 날아가는 형상을 본뜬 것이다. 童의 생략된 聲을 따른다.

說明 甲骨文은 대체로 𧶠과 같은 형태이며 여러 가지 字形이 있다. 春秋時代에 이르러서는 𧶠의 형태로 小篆과 유사하게 되었다. 彡은 신체부분을 장식한 것인데 許愼은 '나는 형상'이라고 잘못 해석하였다.[224]

屬字 龕(감실 감)

428

飛(fēi) (甫微切 – 보미절) (날 비)

鳥翥也. 象形. 凡飛之屬皆從飛.
새가 날아오르는 것이다. 상형이다.

說明 甲金文에는 보이지 않고 春秋時代에는 𦐀의 字形으로 쓰고 있다. 小篆의 자형으로부터 볼 때 세 마리의 새가 한데 어울려 날갯짓하는 그 측면을 그린 모습으로 보인다. 屬字 翼은 部首 飛가 羽로 변하였다.

屬字 翼(날개 익)

429

非(fēi) (甫微切 – 보미절) (아닐 비)

違也. 從飛下翅, 取其相背. 凡非之屬皆從非.
어긴다는 뜻이다. 飛의 아래 날개를 따르는데, 서로 등진 형상을 취하였다.

說明 甲骨文의 字形은 𣎃으로, 사람이 서로 등지고 있는 형상처럼 보인다.

---

224) 上揭書, p.307.

비슷한 자형인 北의 이체자가 아닌가 싶다. 金文의 자형은 狀로 小篆
과 유사하다.

속자 靡(쓰러질 미), 靠(기댈 고)

430

卂(xùn) (息晉切 – 식진절) (빠를 신)

疾飛也. 從飛而羽不見. 凡卂之屬皆從卂.

빨리 나는 것이다. 飛를 따르나, 날개가 보이지 않는다.

설명 甲金文에는 보이지 않으며 字形 來源이 분명하지 않다. 段注에는 "날
개가 보이지 않는 것은 아주 빠른 것을 상형한 것이다."라고 하였다.
오늘날에는 迅(빠를 신)으로 쓴다.[225]

속자 𣀈(외로울 경)

---

225) 李徹, 「說文部首硏究」(國立臺灣師範大學 석사학위논문, 民國 76年), p.276.

431

乚(yá) (烏轄切 - 오할절)

玄鳥也. 齊魯謂之乚, 取其鳴自呼. 象形. 凡乚之屬皆從乚.

제비이다. 齊魯에서는 제비를 乚이라 불렀는데, 그 울음소리를 이름으로 취한 것이다.

說明 甲金文에 보이지 않는다. 屬字 乳의 甲骨文 字形은 으로, 어머니가 아이에게 젖을 먹이는 형상이다. 그러나 乚를 따르지는 않는다. 玄鳥라 함은 제비를 일컫는 말이다.

屬字 孔(구멍 공), 乳(젖 유)

432

不(fǒu) (方久切 - 방구절) (아닐 부)

鳥飛上翔不下來也. 從一, 一猶天也, 象形. 凡不之屬皆從不.

새가 날아올라서 내려오지 않는 것이다. 一을 따르는데, 一은 하늘과 같으며, 상형이다.

說明 甲骨文의 字形은 不로, 많은 학자들은 꽃받침의 형상으로 보고 있으며, 柎의 本字로 여기고 있다. "鳥飛上翔不下來也"라는 許說은 근거가 없는 것이라고 말하고 있다. 廣韻에서는 不을 分弗切로 읽는다.

屬字 否(아닐 부)

433

至(zhi) (脂利切 - 지리절) (이를 지)

鳥飛從高下至地也. 從一, 一猶地也. 象形. 不上去, 而至下來也. 凡至之屬皆從至.

새가 높은 곳에서 땅으로 날아 내리는 것이다. 一을 따르는데, 一은 땅과 같으며, 상형이다. 올라가지 않고 줄곧 내려오는 것이다.

說明 甲骨文의 字形은 로, 說文에서는 "새가 높은 곳에서 날아와 땅에 내리는 것"으로 해석하고 있으나 羅振玉은 "화살이 멀리에서 날아와 땅에 꽂히는 형상"으로 해석하고 있다. 甲骨文의 자형을 관찰하여 보면 矢가 一 위에 거꾸로 서 있는 형상이니 後者를 따르는 것이 옳을 듯싶다.

屬字 到(이를 도), 臻(이를 진), 臺(돈대 대), 銍(이를 진)

434

西(xī) (先稽切 - 선계절) (서녘 서)

鳥在巢上. 象形. 日在西方而鳥棲, 故因以爲東西之西. 凡西之屬皆從西.

새가 보금자리에 있는 것이다. 상형이다. 해가 서쪽으로 지면 새들이 보금자리에 들기 때문에 東西의 西를 가리키게 된 것이다.

說明 甲骨文의 字形은 로, 새의 보금자리를 象形한 것이다. 金文은 였다가 차츰 小篆과 같은 형태로 변하였으니 "鳥在巢上"이라는 許說은 잘못된 분석이다. 해가 서쪽으로 질 때 새들은 보금자리에 들기 때문에 '東西'의 西로 假借되었을 것이다.[226]

---

226) 徐中舒, 『甲骨文字典』(中國, 四川辭書出版社), p.1276.

435

鹵(lǔ) (郞古切 − 랑고절) (소금 로)

西方鹹地也. 從西省, 象鹽形. 安定有鹵縣. 東方謂之*斥*, 西方謂之鹵.
凡鹵之屬皆從鹵.

서쪽에 있는 鹽地이다. 西가 省體된 것을 따르며, 鹽의 형상이다. 安
定郡에 鹵縣이라는 곳이 있다. 동쪽을 *斥*이라 이르고 서쪽을 鹵라 이
른다.

說明   甲骨文의 字形은 으로, 소금을 담은 꾸러미의 모양이다. 가운데의
점들은 소금을 뜻한다. 字形상에서 西와 비슷하지만 西와는 관련이
없고 또 西를 생략한 것을 따르는 것이 아니므로 許說은 정확하지
않다.

屬字   䁻(소금 차), 鹹(짤 함)

436

鹽(yán) (余廉切 − 여렴절) (소금 염)

鹹也. 從鹵, 監聲. 古者宿沙初作煮海鹽. 凡鹽之屬皆從鹽.

짜다는 뜻이다. 鹵를 따르며 監성이다. 옛사람 宿沙가 처음으로 바다소
금을 구웠다고 한다.

說明   甲金文에는 보이지 않는다. 小篆의 字形으로부터 볼 때 鹵를 따르고
監성인 後起 形聲字이다. 王筠은 『說文句讀』에서 '鹹也'라 한 것은 疊
韻에 의한 해설이라고 하였다.

屬字   鹽(염지 고), 鹼(소금기 감)

437

戶(hù) (侯古切 – 후고절) (지게 호)

護也. 半門曰戶. 象形. 凡戶之屬皆從戶.

護이다. 반쪽 門을 戶라 부른다. 상형이다.

說明 甲骨文의 字形은 **戶**로, 외짝문의 형상이다. 許說에서 '護也'라 한 것은 聲訓이다.

屬字 扉(문짝 비), 扇(사립문 선), 房(방 방), 戹(좁을 액)

438

門(mén) (莫奔切 – 막분절) (문 문)

聞也. 從二戶. 象形. 凡門之屬皆從門.

聞이다. 두 개의 戶를 따른다. 상형이다.

說明 甲骨文의 字形은 **門**으로, 문을 象形한 것이다. 許說에서 象形字라고 하면서 '從二戶'라 한 것은 합당하지 않다. '聞也'라 한 것은 聲訓이다. 小篆과 甲骨文의 字形은 같다.

屬字 開(열 개), 閑(막을 한), 閉(닫을 폐), 關(빗장 관)

439

耳(ěr) (而止切 – 이지절) (귀 이)

主聽也. 象形. 凡耳之屬皆從耳.

주로 듣는 것이다. 상형이다.

說明 甲骨文의 字形은 **ჳ**로, 귀를 그린 것이며 小篆과는 자형이 다르다. 金文의 자형은 **ჳ**로, 점차 小篆과 같은 자형으로 변화되었다.

屬字 聯(잇달 련), 聖(성스러울 성), 聽(들을 청), 聞(들을 문)

440

匜(yí) (與之切 – 여지체) (턱 이)

頤也. 象形. 凡匜之屬皆從匜.
아래턱이다. 상형이다.

說明 甲骨文에는 보이지 않으며, 金文의 字形은 ㅌ로, 사람의 얼굴에서 아래턱 부분을 그린 象形字이다. 小篆과 자형이 유사하다. 오늘날에는 '頤'에 그 뜻이 부여되었다.

441

手(shǒu) (書九切 – 서구체) (손 수)

拳也. 象形. 凡手之屬皆從手.
拳(주먹)이다. 상형이다.

說明 甲骨文에서는 ㄓ와 ㄧ의 형태로 又와 屮와 같이 쓰였다. 金文의 字形은 ㄓ으로, 小篆과 자형이 같다. 斷玉裁는 『說文解字注』에서 "今人舒之爲手, 卷之爲拳, 其實一也, 故以手與拳二篆互訓"이라고 하였다. 즉 今人들은 편 것을 手라 하고 감은 것을 拳이라고 하는데, 기실은 하나이다. 그런고로 手와 拳은 互訓의 관계이다.

屬字 掌(손바닥 장), 指(손가락 지), 舉(들 거), 失(잃을 실)

442

巫(guāi) (古懷切 – 고회절) (괴)

背呂也. 象脅肋也. 凡巫之屬皆從巫.
등골뼈이다. 양쪽의 늑골을 그린 것이다.

說明 甲金文에는 보이지 않는다. 小篆의 字形을 보면 '양쪽의 늑골 뼈를

그린 것'이라는 許愼의 字形分析은 정확하다.

巫와 乖는 古今字라고 한다.[227]

屬字 脊(등성마루 척)

卷十二下

443

女(nǚ) (尼呂切 – 니여절) (계집 녀)

婦人也. 象形. 王育說. 凡女之屬皆從女.
부인이다. 상형이다. 王育說이다.

說明　甲骨文의 字形은 　로, 사람이 무릎을 굽히고 손을 교차시키고 앉아
있는 형상이다. 부녀들은 실내에서 일하기 때문에 위와 같은 자세를
취하게 되는 것을 여자의 특징으로 삼고, 반면에 남성들은 밭에서
일하기 때문에 田과 力의 會意字로 만들어 男女의 일의 差異를 구별
하였다.[228] 일설에는 女의 甲骨文 자형이 손을 묶이고 꿇어앉아 있는
포로의 모습과 같다 하여 '奴'의 初文이라고도 한다.

屬字　姓(성 성), 嬴(찰 영), 妻(아내 처), 婦(며느리 부)

444

毋(wú) (武扶切 – 무부절) (말 무)

止之也. 從女, 有奸之者. 凡毋之屬皆從毋.

227) 李徹, 「說文部首硏究」(國立臺灣師範大學 석사학위논문, 民國 76年), p.286.
228) 董蓮池, 『說文部首形義通釋』(中國, 東北師範大學出版社), p.317.

'그치다'이다. 女를 따르며, 奸淫하려는 자가 있는 것이다.

說明 甲骨文의 字形은 로, 卜辭에서는 母와 같이 쓰인다. 許說에서 '止之 也'라 함은 禁止詞로 쓰인다는 뜻이다. 가운데의 두 점은 乳房을 뜻 한다. 小篆에서는 두 점을 一로 대체하였다.

屬字 毒(음란할 애)

445

民(mín) (彌鄰切 − 미린절) (백성 민)

衆萌也. 從古文之象. 凡民之屬皆從民.
백성이다. 古文의 형태를 따른다.

說明 甲骨文에는 보이지 않으며 金文의 字形은 으로, 날카로운 것으로 눈을 찌르는 형상이다. 『衆經音義』에 이르기를 "萌, 古文氓"이라 하 였으므로 '衆萌也'는 '衆氓也', 즉 백성들을 뜻한다.

屬字 氓(백성 맹)

446

丿(piě) (房密切 − 방밀절) (삐침 별)

右戾也. 象左引之形. 凡丿之屬皆從丿.
우측이 어그러진 것이다. 왼쪽으로 당기는 형상이다.

說明 甲骨文에서 단독으로 쓰인 경우는 없고, 屬字의 字形을 관찰해 보면 丿나 丨으로 쓰였다.

屬字 乂(벨 예), 弗(아닐 불), 乀(파임 불)

447

厂(yi) (余制切 - 여제절)

抴也. 明也. 象抴引之形. 凡厂之屬皆從厂. 虒字從此.
'당기다'이다. '밝다'이다. 마치 끌어당기는 것과 같다. 虒는 이것을 따른다.

說明 甲骨文에서 단독으로 쓰인 경우는 보이지 않으며, 屬字 弋의 字形을 살펴보면 部首와는 상관이 없다. 說文에서 '明也'라고 한 것에 대해 段注에서는 '未聞'이라고 하였으니 '밝다'는 의미는 확실하지 않다.

屬字 弋(주살 익)

448

乁(yi) (弋支切 - 익지절)

流也. 從反厂, 讀若移. 凡乁之屬皆從乁.
'흐르다'이다. 厂의 반대를 따르며, 移와 같이 읽는다.

說明 甲骨文에는 보이지 않는다. 金文에도 보이지 않으나 屬字 也의 字形을 살펴보면 它와 같이 뱀을 그린 것으로 부수와는 무관하다. 또한 '也, 女陰也'라고 한 것도 정확하지 않다.

屬字 也(어조사 야)

449

氏(shi) (承旨切 - 승지절) (각시 씨)

巴, 蜀山名岸脅之旁箸欲落墮者曰氏. 氏崩, 聞數百里. 象形, 乁聲.
凡氏之屬皆從氏. 揚雄賦：響若氏隤.
巴, 蜀이라고도 하는 산의 기슭 부근의 곧 떨어지려 하는 것을 氏라고

한다. 氐가 무너지면 그 소리는 수백 리 밖에서도 들린다. 상형이며 乁
성이다.

說明 甲骨文의 字形은 ⃥이며, 金文의 字形은 ⃥로, 그 형상을 알 수 없다.
屬字(氏＋十)의 構成 역시 부수와 관련이 없다.

450
氐(dǐ) (丁禮切 – 정예절) (근본 저)

至也. 從氏下箸一. 一, 地也. 凡氐之屬皆從氐.
'막다'이다. 氏 아래에 一이 오는 것을 따른다. 一은 땅이다.

說明 甲骨文에는 보이지 않고 金文의 字形은 ⃥로, 形聲字이며 小篆과 자
형이 같다. 氏는 숟가락의 모양과 흡사하며, 一은 밑바닥을 의미하는
것으로, 숟가락을 밑으로 뻗으면 막힌다는 뜻을 나타내고 있다.229)

451
戈(gē) (丁禮切 – 정예절) (창 과)

平頭戟也. 從弋, 一橫之. 象形. 凡戈之屬皆從戈.
머리 부분이 평평한 창이다. 弋을 따르며, 가로놓인 一을 따른다. 상형
이다.

說明 甲骨文의 字形은 ⃥로, 商周시대의 兵器인 창을 그린 것이다. 西周의
金文은 ⃥로, 小篆과 자형이 같으며 象形이다.
許愼의 '從弋, 一橫之'라는 字形分析은 잘못된 것이다.

屬字 戍(지킬 수), 或(혹 혹), 武(굳셀 무), 戔(쌓일 전)

---

229) 上揭書, p.322.

452

戉(yuè) (王伐切 - 왕벌절) (도끼 월)

斧也. 從戈, 乚聲. 『司馬法』曰: 夏執玄戉, 殷執白戚, 周左杖黃戉, 右秉白髦. 凡戉之屬皆從戉.

도끼이다. 戈를 따르며 乚聲이다. 『司馬法』에 이르기를 "夏왕조에서는 玄戉을 잡았고, 殷왕조에서는 白戚을 잡았으며, 周왕조에서는 왼쪽에 黃戉을 잡고 오른쪽에는 白髦를 잡고 있었다."고 하였다.

說明 甲骨文의 字形은 로, 자루가 긴 도끼를 그린 것이다. 金文은 로, 앞은 창이고 옆에는 도끼가 있는 병기의 형태이다. 도끼의 날 부분인 c가 小篆에 와서는 乚로 변하였는데 許愼은 乚을 聲部로 해석하였는데 정확하지 않다. 今字는 金部를 추가하여 鉞로 쓰고 있다.[230]

屬字 戚(겨레 척 - 本義: 도끼)

453

我(wǒ) (五可切 - 오가절) (나 아)

施身自謂也. 或說: 我, 頃頓也. 從戈, 從手. 手, 或說古垂字, 一曰古殺字. 凡我之屬皆從我.

자기 자신을 일컫는 것이다. 혹설에 我는 기울어 넘어짐을 뜻한다고 하였다. 戈를 따르고 手를 따른다. 혹설에 手는 垂의 古字라고도 하고, 또 殺의 古字라고도 한다.

說明 甲骨文의 字形은 로, 일종의 兵器의 모양이다. 許說에서 "施身自謂也"라고 한 것은 本義가 아닌 假借義이다. '我, 頃頓也'도 역시 그 뜻이 아니라 '俄'의 뜻이다.[231]

屬字 義(옳을 의)

---

230) 徐中舒, 『甲骨文字典』(中國, 四川辭書出版社), p.1377.
231) 董蓮池, 『說文部首形義通釋』(中國, 東北師範大學出版社), p.324.

454

亅(jué) (衢月切 - 구월절) (갈고리 궐)

鉤逆者謂之亅. 象形. 凡亅之屬皆從亅. 讀若橛.

갈고랑이를 거꾸로 한 것을 亅라고 한다. 상형이다.

說明 甲金文에는 보이지 않는다. 小篆의 字形으로부터 볼 때 갈고랑이를 그린 것이다. 屬字인 乚 역시 갈고랑이를 그린 것인데 亅과 좌우 방향만 바뀐 것이다.

屬字 乚(音: 居月切, 義: 鉤識也)

455

珡(qín) (巨今切 - 거금절) (거문고 금)

禁也. 神農所作. 洞越. 練朱五弦, 周加二弦. 象形. 凡珡之屬皆從珡.

禁이다. 神農씨가 만든 것이다. 가운데 구멍이 통해 있다. 소리가 탁하고 붉은색이며, 다섯 개의 弦이 있다. 周나라 때 두 개의 弦을 추가하였다.

說明 甲金文에는 보이지 않는다. 小篆의 字形을 통하여 일종의 현악기임을 알 수 있다. 今字는 琴이다. '禁也'는 聲訓이다. 즉 琴의 명칭은 '禁'에서 왔다는 것이다. 段注에 의하면 禁也라 함은 거문고가 正人의 마음을 淫蕩하고 奸邪하게 한다고 여겨 금지시킨 악기라고 하였다.

屬字 瑟(큰 거문고 슬), 琵(비파 비), 琶(비파 파)

456

乚(yǐn) (於謹切 - 어근절)

匿也. 象迟曲隱蔽形. 凡乚之屬皆從乚. 讀若隱.

숨는다는 뜻이다. 굽어 들어 은폐하는 형상이다. 隱과 같이 읽는다.

| 說明 | 甲金文에는 보이지 않는다. 屬字인 直의 甲骨文 字形을 고찰해 보면 |

說明 甲金文에는 보이지 않는다. 屬字인 直의 甲骨文 字形을 고찰해 보면 ⬧으로, 눈빛이 한곳을 정시한다는 의미를 나타내며 部首 'ㄴ'는 따르지 않는다.

屬字 直(곧을 직)

457

亡(wáng) (武方切 - 무방절) (망할 망)

逃也. 從入, 從ㄴ. 凡亡之屬皆從亡.
'도망가다'이다. 入과 ㄴ을 따른다.

說明 甲骨文의 字形은 ㄴ으로, 刀와 ヽ을 따른다. 그러므로 까끄라기를 뜻하는 芒의 初文이다.[232) 許愼의 '從入, 從ㄴ'라는 字形分析은 잘못된 것이며, 字意 역시 誤解하였다.

屬字 乍(잠깐 사), 望(바랄 망), 無(없을 무), 匃(빌 개)

458

匸(xi) (胡礼切 - 호례절) (감출 혜)

袤徯, 有所俠藏也. 從ㄴ, 上有一覆之. 凡匸之屬皆從匸. 讀與徯同.
굽은 샛길인데, 물건을 숨길 수 있는 것이다. ㄴ을 따르며 위에 一로 가려져 있다. 徯와 같이 읽는다.

說明 甲骨文에는 보이지 않는다. 袤의 今字는 斜이다. 斜道를 徯라고 한다. 俠은 挾으로 쓰이므로 '물건을 감출 수 있다'는 뜻이다. 屬字 區의 甲骨文을 살펴보면 匸를 따르지 않고 ㄴ를 따른다.

屬字 區(지경 구), 匿(숨을 닉), 医(동개 예), 匹(필 필)

---

232) 上揭書, p.327.

459

匚(fāng) (府良切 – 부량절) (상자 방)

受物之器. 象形. 凡匚之屬皆從匚. 讀若方.

물건을 담는 그릇이다. 상형이다. 方처럼 읽는다.

說明 甲骨文의 字形은 ᛙ으로, 물건을 담을 수 있는 그릇의 형상인데, 殷나라 사람들이 宗廟에서 神主를 담던 容器이다. 本義는 匪이다.[233]

屬字 匠(장인 장), 匡(바룰 광), 匪(대상자 비), 匣(갑 갑)

460

曲(qū) (丘玉切 – 구옥절) (굽을 곡)

象器曲受物之形. 或說, 曲, 蠶薄也. 凡曲之屬皆從曲.

그릇이 휘어서 물건을 담을 수 있게 된 형상이다. 혹설에는 曲은 누에 蠶薄이라고도 한다.

說明 甲骨文에는 확인된 바 없고 金文의 字形은 ᛩ으로, 구불구불한 용기의 형상이다. 小篆과 자형이 유사하다.

461

甾(zī) (側詞切 – 측사절) (꿩 치)

東楚名缶曰甾. 象形. 凡甾之屬皆從甾.

東楚에 缶라고 하는 그릇이 있는데 甾라고도 부른다. 상형이다.

說明 甲骨文의 字形은 ᛲ로, 일종의 容器의 형상이다. 東楚에 대하여 斷玉裁는 "太史公이 이르기를 彭城 東쪽으로부터 東海, 吳, 廣陵까지를 東楚라 한다."고 하였다. 그는 또 "由 역시 象形으로, 실제는 같은 물건

---

233) 徐中舒, 『甲骨文字典』(中國, 四川辭書出版社), p.1391.

인데 말이 다른 것이다. 혹은 한 물건인데 쓰는 가운데서 귀를 적게 그리지 않았는가 의심된다."고 하여 㽍와 由를 同一字로 보고 있다.[234]

462

瓦(wǎ) (五寡切 – 오과절) (기와 와)

土器已燒之總名. 象形. 凡瓦之屬皆從瓦.
토기를 불에 사른 것의 총칭이다. 상형이다.

說明 甲金文에는 보이지 않는다. 睡虎地의 秦簡에 와 같이 쓰고 있으며, 기와를 그린 象形字이다. 本部의 屬字 甑과 犬部에 속하는 獻의 甲骨文은 同一字로 자형은 鬲과 犬으로 이루어졌다. 瓦와는 아무런 관련이 없다.

屬字 甑(시루 증), 瓨(항아리 강), 瓴(동이 령), 甗(시루 언)

463

弓(gōng) (居戎切 – 거융절) (활 궁)

以近窮遠. 象形. 古者揮作弓. 『周禮』六弓: 王弓, 弧弓, 以射甲革甚質; 夾弓, 庾弓, 以射干侯鳥獸; 唐弓, 大弓, 以授學射者. 凡弓之屬皆從弓.

가까운 데서 멀리 닿을 수 있는 것이다. 상형이다. 옛사람 揮가 활을 만들었다. 『周禮』에 "六弓, 즉 王弓과 弧弓은 甲革과 같은 심한 물건을 쏘는 활이며, 夾弓과 庾弓은 干侯가 새와 짐승을 쏘는 활이며, 唐弓과 大弓은 배우는 자가 쏘는 활이다."고 하였다.

說明 甲骨文의 字形은 으로, 활을 그린 것이다. 金文에 이르러서는 자형

---

234) 斷玉裁, 『說文解字注』(上海古籍出版社, 1988), p.637.

이 ⑂와 같이 활의 시위를 생략하여 小篆과 같은 형태가 되었다.

属字　張(베풀 장), 引(끌 인), 弘(넓을 홍), 弩(쇠뇌 노)

464

弜

弜(jiàng) (其兩切 – 기량절) (굳셀 강)

彊也. 從二弓. 凡弜之屬皆從弜. 闕.

彊이다. 두 개의 弓을 따른다.

説明　甲骨文의 字形은 ⑂이다. 王國維는 '柲(활을 바로 잡는 틀)'의 本字로
보고 있다. 그러나 甲骨文의 자형으로부터 볼 때 두 개의 弓을 따르는
것이 분명하며, 許說에서 '彊也'라 한 것은 聲訓인 동시에 그 뜻을 나
타낸 것으로 보인다. 즉 두 개의 弓을 겹치게 그려 '힘이 센 활'이라
는 뜻을 會意하였을 것이다.

属字　弼(도울 필)

465

弦

弦(xián) (胡田切 – 호전절) (시위 현)

弓弦也. 從弓, 象絲軫之形. 凡弦之屬皆從弦.

활시위이다. 弓을 따르며, 실을 맨 모양이다.

説明　甲骨文의 字形은 ⑶으로, 활을 그리고 시위 부분에 부호 o를 가하여
시위가 있는 곳을 나타내었다. 甲骨文 역시 弓을 따르므로 弦을 弓部
에 속하게 하고 부수를 따로 세우지 않아도 되었을 듯싶다.

属字　紗(묘할 묘, 妙와 同字)

466

系(xi) (胡計切 – 호계절) (이를 계)

繫也. 從糸, ノ聲. 凡系之屬皆從系.

매다는 뜻이다. 糸를 따르며, ノ聲이다.

說明 甲骨文의 字形은 이고, 金文의 字形은 로, 모두 손으로 실마리를 들고 있는 모습이다. 小篆의 ノ는 甲金文의 ⺍가 변화된 것이다. 그러므로 許說의 '從糸, ノ聲'은 잘못된 분석이다.

屬字 孫(손자 손)

467

糸(mì 又음si) (莫狄切 - 막적절) (가는 실 멱)

細絲也. 象束絲之形. 凡糸之屬皆從糸. 讀若覛.

가는 실이다. 실을 묶어 놓은 형상이다. 覛처럼 읽는다.

說明 甲骨文의 字形은 🦋으로, 실을 묶어 놓은 형상이며, 金文은 🦋으로 小篆과 자형이 같다. 무릇 糸를 따르는 글자들은 실, 삼, 천, 직물 등과 관련된다.

屬字 經(날 경), 細(가늘 세), 結(맺을 결), 綠(초록빛 록)

468

素 (sù) (桑故切 - 상고절) (흴 소)

白緻繒也. 從糸, 㡇, 取其澤也. 凡素之屬皆從素.

백색의 촘촘한 비단이다. 糸와 㡇를 따르며, 潤澤을 취하였다.

說明 甲骨文에는 보이지 않고 金文의 字形은 🦋로, 紡織機에서 나오는 실을 두 손으로 받는 형상을 그린 것이다. 새로 짠 실은 그 깨끗함이 눈(雪)과 같았으므로, 初義는 '새로 짠 실'이었으나 나중에는 '백색'의 뜻으로 쓰이게 되었을 것이다.[235]

---

235) 李徹, 「說文部首硏究」(國立臺灣師範大學 석사학위논문, 民國 76年), p.306.

469

絲(sī) (息玆切 – 식자절) (실 사)

蠶所吐也. 從二糸. 凡絲之屬皆從絲.

누에가 토해낸 명주실이다. 두 개의 糸를 따른다.

說明 甲骨文의 字形은 ▧로, 두 개의 실마리의 형상이다. 糸나 絲는 모두 묶어서 잣은 실이지 누에가 토해낸 명주실이 아니다. 絲는 두 개의 糸를 따르며 絲部에 屬字 두 개밖에 들어 있지 않으므로 별도로 部首를 세우지 않고 糸部에 귀속시켜도 될 듯싶다.

470

率(shuài) (所律切 – 소율절) (거느릴 솔)

捕鳥畢也. 象絲罔, 上下其竿柄也. 凡率之屬皆從率.

새를 잡는 그물이다. 실그물 모양이며, 위·아래는 그 장대이다.

說明 甲骨文의 字形은 ▧로, 說文에서는 '새를 잡는 그물'이라고 하였지만 徐中舒는 '삼을 꼬아서 만든 동아줄'이라고 보고 있으니 가히 따를 만하다.236)

屬字 素率 (동아줄 률, 緯의 異體字)

471

虫(huǐ) (許偉切 – 허위절) (벌레 훼)

一名蝮. 博三寸, 首大如擘指. 象其臥形. 物之微細, 或行, 或毛, 或臝, 或介, 或鱗, 以虫爲象. 凡虫之屬皆從虫.

일명 蝮이라 한다. 몸의 넓이가 3寸이 되고, 머리는 엄지손가락만큼 크

---

236) 徐中舒, 『甲骨文字典』(中國, 四川辭書出版社), p.1423.

다. 그 누워 있는 형상을 본뜬 것이다. 미세한 동물, 즉 날아다니거나, 털이 없거나, 권패류, 갑각류, 비늘이 있는 동물 등은 모두 虫을 形部로 한다.

說明 甲骨文의 字形은 🐍 혹은 🐍로, 뱀을 간략하게 그린 것이다. 甲骨文에서는 虫과 它는 一字이다. 雙鉤法으로 좀 더 상세히 그린 것이 它이다.237)

屬字 雖(비록 수), 蜀(나라이름 촉), 虹(무지개 홍)

472

蚰(kūn) (古魂切 – 고혼절) (곤충 곤)

蟲之總名也. 從二虫. 凡蚰之屬皆從蚰. 讀若昆.
동물의 총칭이다. 두 개의 虫을 따른다. 昆처럼 읽는다.

說明 甲骨文의 字形은 🐛으로, 두 개의 虫을 따르며 小篆과 자형이 같다. 무릇 蚰을 따르는 글자들은 昆蟲과 관련된다.

屬字 蠶(누에 잠), 螽(이 슬), 蠢(꿈틀거릴 준)

473

蟲(chóng) (直弓切 – 直弓切) (벌레 충)

有足謂之蟲, 無足謂之豸. 從三虫. 凡蟲之屬皆從蟲.

---

237) 上揭書, p.1430.

발이 있는 동물을 蟲이라 하고, 발이 없는 동물을 豸라고 한다. 세 개의 虫을 따른다.

說明 甲骨文에서 단독으로 쓰인 경우는 보이지 않고, 屬字 蠱의 甲骨文 字形은 🐛으로, 蟲을 따르는 것이 아니라 🐛을 따른다. 그러므로 甲骨文에서는 虫, 䖵, 蟲은 一字였을 것으로 생각된다. 『說文解字注箋』에 "凡從豸之字類皆有足之物, 而無足者乃從虫從虫虫從蟲, 字形亦豸有足而蟲無足"이라고 하여, 발 없는 동물이 蟲이고 발 있는 것이 豸라 여기고 서로 뒤바뀐 것으로 보고 있다.

屬字 蠱(독 고)

474

風(fēng) (方戎切 - 방융절) (바람 풍)

八風也. 東方曰明庶風, 東南曰淸明風, 南方曰景風, 西南曰涼風, 西方曰閶闔風, 西北曰不周風, 北方曰廣莫風, 東北曰融風. 風動蟲生, 故蟲八日而化. 從虫凡聲. 凡風之屬皆從風.

八風이다. 東風은 明庶風이고, 東南風은 淸明風이요, 南風은 景風이고, 西南風은 涼風이요, 西風은 閶闔風이고, 西北風은 不周風이요, 北風은 廣莫風이고, 東北風은 融風이라 한다. 바람이 불면 蟲이 소생하므로 蟲은 8일이면 변화한다. 虫을 따르며 凡聲이다.

說明 甲骨文에서는 鳳을 빌려 風으로 썼다. 鳳의 甲骨文 字形은 🐦이다. 그러다가 점차 省體되어 風의 小篆의 字形으로 변화되었다.[238]

屬字 飄(회오리바람 표), 颯(바람소리 삽), 颲(사나운 바람 렬)

238) 董蓮池, 『說文部首形義通釋』(中國, 東北師範大學出版社), pp.338~339.

475

它(tā) (託何切 – 탁하절) (다를 타)

虫也. 從虫而長, 象冤曲垂尾形. 上古艸居患它, 故相問無它乎？ 凡
它之屬皆從它.

虫이다. 虫이 자란 것을 따르며, 마치 몸을 구부려 둥글게 사리고 꼬리
를 드리운 뱀의 형상과 같다. 상고에는 풀 속에 사는 뱀을 두려워하여
서로 뱀이 없느냐고 물었다고 한다.

説明 甲骨文의 字形은 🐍로, 뱀의 머리와 몸, 꼬리를 그린 象形字이다. 간
략하게 그리면 🐍이므로, 它와 虫은 一字이다.[239] 金文은 🐍로, 小篆과
자형이 같다. 本部에는 屬字가 없다.

476

龜(guī) (居追切 – 거추절) (거북 귀)

舊也. 外骨內肉者也. 從它, 龜頭與它頭同. 天地之性, 廣肩無雄, 龜
鱉之類, 以它爲雄. 象足甲尾之形. 凡龜之屬皆從龜.

舊이다. 바깥은 딱딱한 껍데기이며 안은 살이다. 它를 따르며, 거북의
머리와 뱀의 머리가 같다. 天地의 性을 가지고 있고, 어깨가 넓고 수컷
이 없으며, 거북이나 금계 등은 뱀을 수컷으로 한다. 발과 등딱지와 꼬
리 모습을 그린 것이다.

説明 甲骨文의 字形은 🐢로, 거북이의 측면을 그린 것이다. 説文에서 '舊也'
라 함은 疊韻으로 訓을 단 것이다. 龜의 古音은 鳩이고 舊의 古音은
臼였다.

---

239) 徐中舒, 『甲骨文字典』(中國, 四川辭書出版社), p.1430.

477

黽(měng) (莫杏切 – 막행절) (맹꽁이 맹) 今音mǐn, miǎn

黿黽也. 從它, 象形. 黽頭與它頭同. 凡黽之屬皆從黽.

맹꽁이이다. 它를 따르며 상형이다. 맹꽁이의 머리와 뱀의 머리는 같다.

說明 甲骨文의 字形은 이고, 金文의 字形은 🐸으로, 큰 머리에 큰 배, 네 개의 발의 개구리를 그린 獨體象形이며 它와 아무런 관련이 없다. 그러므로 許說에서 '從它'라 한 것은 잘못된 해석이다.[240] 甲金文에는 꼬리가 없으나 小篆에는 꼬리가 있다.

屬字 黿(자라 원), 鼃(개구리 와), 鼀(두꺼비 거), 蠅(파리 승)

478

卵(luǎn) (盧管切 – 로관절) (알 란)

凡物無乳者卵生. 象形. 凡卵之屬皆從卵.

무릇 젖이 없는 동물은 알에서 태어난다. 상형이다.

說明 甲金文에는 보이지 않는다. 小篆의 字形을 관찰해 보면 알이 갈라지면서 안에서 태어나는 것이 있는 象形이다.

屬字 毈(알 곯을 단)

479

二(èr) (而至切 – 이지절) (두 이)

地之數也. 從偶一. 凡二之屬皆從二.

땅의 數이다. 一을 짝 세운 것을 따른다.

說明 甲骨文의 字形은 ═으로, 획을 쌓아 그 수를 나타낸 것이다. 許說에

---

240) 董蓮池, 『說文部首形義通釋』(中國, 東北師範大學出版社), p.341.

서 "地之數也"라 함은 『周易』에 "天一地二"라 하여 그것을 따른 것이다.

屬字 亟(빠를 극), 恒(항상 항), 竺(대나무 축), 凡(무릇 범)

土(tǔ) (它魯切 – 타로절) (흙 토)

地之吐生物者也. 二象地之下, 地之中, 物出形也. 凡土之屬皆從土.

땅은 생물을 낳아 자라게 하는 것이다. 二는 땅 밑과 땅속과 같고, 생물이 나오는 형상이다.

說明 甲骨文의 字形은 Ω로, 땅 위에 흙덩어리가 있는 모습을 그린 것인데 一은 땅을 가리킨다. 金文 역시 ●의 형태로 小篆과 자형이 다르며 許愼의 字形分析은 잘못되었다. 土와 吐는 疊韻이다.

屬字 地(땅 지), 堂(집 당), 在(있을 재), 墨(먹 묵)

垚(yáo) (吾聊切 – 오료절) (사람 이름 요)

土高也. 從三土. 凡垚之屬皆從垚.

흙이 높은 것이다. 세 개의 土를 따른다.

說明 甲骨文에서 단독으로 쓰인 경우는 없다. 屬字 堯의 甲骨文 字形은 ⚡로, 두 개의 土를 따른다. 古陶에서는 垚와 같이 쓰고 있는데 흙을 높이 쌓아 높다는 뜻을 나타낸 會意字이다.

屬字 堯(요임금 요, 本義: 高也)

482

堇(qín) (巨斤切 – 거근절) (노란 진흙 근)

黏土也. 從土, 從黃省. 凡堇之屬皆從堇.

점토이다. 土를 따르며, 黃의 생체를 따른다.

說明 甲骨文의 字形은 으로, 두 팔을 결박당한 사람이 불(火) 위에 있는 형상인데 熯의 本字이다. 후에 火가 土로 변화되어 堇으로 되었다. 許愼은 그 字源을 모르고 '從土, 從黃省'이라고 분석하였다. 또한 小篆의 자형에만 의거하여 '黏土'라고 해석하였는데 本義가 아니므로 따를 바가 못 된다.[241]

屬字 艱(어려울 간)

483

里(lǐ) (良止切 – 량지절) (마을 리)

居也. 從田, 從土. 凡里之屬皆從里.

거주하는 곳이다. 田과 土를 따른다.

說明 甲骨文에는 보이지 않고 金文의 字形은 里로, 田과 土를 따르는 會意字이며 小篆과 자형이 같다. 屬字 野의 甲骨文과 金文은 혹은 와 같이 모두 林과 土를 따르는 會意字이며, 田을 따르거나 里를 따르지 않는다.

屬字 野(들 야)

---

241) 上揭書, p.345.

484

田(tián) (待年切 - 대년절) (밭 전)

陳也. 樹穀曰田. 象四口, 十, 阡陌之制也. 凡田之屬皆從田.

陳이다. 곡식을 심는 곳을 田이라 한다. 네 개의 口와 같으며, 十은 두 렁의 경계이다.

說明 甲骨文의 字形은 田 혹은 田으로, 두렁이 있는 밭의 형상이다. 후세에는 田으로 통일되었다. '陳也'는 聲訓이다.[242] 徐中舒는 '象田獵戰陳之形'이라고 해석하고 있다. 즉 田은 마치 사냥경기를 할 때 陳을 친 모습과 같다. 고대 귀족들은 동산을 사냥경기 장소로 삼았는데 도랑을 경계로 하고 제방을 쌓았는데 方形이었다. 田의 甲骨文에서 口은 그 제방을 뜻하고 十, 井, 丰 등은 제방 내의 狩獵區域을 劃分한 것이다.[243] 그러므로 許愼은 '陳也'라고 해석하였을 것이다.

屬字 町(밭두둑 정), 甸(경기 전), 當(당할 당), 畜(쌓을 축)

485

畕(jiāng) (居良切 - 거량절) (지경 강)

比田也. 從二田. 凡畕之屬皆從畕.

밭이 인접해 있는 것이다. 두 개의 田을 따른다.

說明 甲骨文의 字形은 畕으로, 두 개의 밭이 나란히 인접해 있는 형상인데 그 境界를 뜻한다. 本部에는 '畺'字 하나만 수록되어 있는데 部首와 一字인 듯싶다.

屬字 畺(지경 강)

---

242) 上揭書, p.346.
243) 徐中舒, 『甲骨文字典』(中國, 四川辭書出版社), p.1466.

486

黃(huáng) (乎光切 – 호광절) (누를 황)

地之色也. 從田, 從芡, 芡亦聲. 芡, 古文光. 凡黃之屬皆從黃.

땅의 색깔이다. 田과 芡을 따르며, 芡은 또한 聲이다. 芡은 光의 古字
이다.

說明 甲骨文의 字形은 𢎛으로, 사람이 環玉을 차고 있는 형상이다. 고대 貴族
들은 옥을 차고 다니는 습관이 있다. 『禮記』에 "行步則有環佩之聲"이
라고 하였으니 그 증거이다. 후세에 '노란색'의 뜻으로 假借되고 本義
는 폐하였으나 '璜'字가 만들어져 佩玉이라는 뜻을 갖게 되었다.[244]

487

男(nán) (那含切 – 나함절) (사내 남)

丈夫也. 從田從力. 言男用力於田也. 凡男之屬皆從男.

丈夫이다. 田과 力을 따른다. 남자는 밭에서 힘을 쓰는 사람이라는 뜻이다.

說明 甲骨文의 字形은 𤰈으로, 밭과 쟁기를 그린 것으로 '밭을 갈다'라는
뜻의 會意字이다. 農耕은 남자가 하는 일이었으므로 '男子'를 뜻하게
되었을 것이다.

屬字 舅(시아비 구), 甥(생질 생)

488

力(lì) (林直切 – 림직절) (힘 력)

筋也. 象人筋之形. 治功曰力, 能禦大災. 凡力之屬皆從力.

힘이다. 사람의 힘줄의 모양이다. 功을 다스리는 것을 力이라 하며, 재

---

244) 上揭書, p.1475.

앙을 막을 수 있는 것이다.

說明 甲骨文의 字形은 으로, 원시 농기구인 쟁기의 모습이다. 밭을 갈려면 힘이 있어야 하였으므로 '힘'이라는 뜻을 가지게 되었을 것이다. 許說의 '象人筋之形'이라는 字形分析은 정확하지 않다.

屬字 助(도울 조), 務(일 무), 勉(힘쓸 면), 勝(이길 승)

489

劦(xié) (胡頰切 - 호협절) (힘 합할 협)

同力也. 從三力. 『山海經』曰: 惟號之山, 其風若劦. 凡劦之屬皆從劦.
함께 힘을 쓴다는 뜻이다. 세 개의 力을 따른다. 『山海經』에 이르기를 "惟號라는 山의 바람이 劦과 같다."고 하였다.

說明 甲骨文의 字形은 으로, 세 개의 力을 따르며 小篆과 자형이 같다. 세 개의 力을 따르는 것은 여러 사람이 같이 밭을 간다는 뜻으로 '함께 힘을 쓰다'의 뜻을 會意하였다.

屬字 恊(맞을 협, 協의 異體字), 勰(뜻 맞을 협)

490

金(jīn) (居音切 – 거음절) (쇠 금)

五色金也. 黃爲之長. 久薶不生衣, 百鍊不輕, 從革不違. 西方之行.
生於土, 從土, 左右注, 象金在土中形, 今聲. 凡金之屬皆從金.

오색 금이다. 黃색이 그중의 으뜸이다. 오래 감추어도 이끼가 생기지 않
고, 백번 精鍊해도 덜해지지 않고, 사람이 아무리 금을 주물러 기구를
만들어도 상하지 않는 성질이 있다. 西쪽으로 행한다. 土에서 생기므로
土를 다르며, 좌우의 점은 금이 흙 속에 있는 형상이다. 音은 今이다.

說明 甲骨文에는 보이지 않고 金文의 字形은 金으로, 옆에 있는 '='은 金
屬鑛物을 뜻한다. 五色金이란 黃金, 白金(銀), 靑金(鉛), 赤金(銅), 黑金
(鐵)을 말한다.[245] 許說에서 '西方之行, 生於土.'는 陰陽五行說에 의한
해석이다.

屬字 銀(은 은), 錫(주석 석), 銅(구리 동), 錢(돈 전)

491

丌丌

丱(jiān) (古賢切 – 고현절)

平也. 象二干對構, 上平也. 凡丱之屬皆從丱.

'평평하다'이다. 두 개의 干이 대칭을 이룬 것이며, 위가 평평하다.

說明 甲金文에 모두 보이지 않는다. 小篆의 자형으로부터 볼 때 干의 小篆
누이므로, 두 개의 干으로 이루어진 것이 아니다. 그러므로 許愼의
'象二干對構'라는 해석은 잘못된 것이다. 本部에는 屬字가 없다.

---

245) 斷玉裁, 『說文解字注』(上海古籍出版社, 1988), p.702.

勺(zhuó) (之若切 - 지약절) (구기 작)

挹取也. 象形. 中有實, 與包同意. 凡勺之屬皆從勺.

떠내는 것이다. 상형이다. 가운데에 내용물이 있으며, 包와 같은 뜻이다.

說明 甲骨文의 字形은 勹이고 金文의 字形은 勺으로, 모두 구기의 모양을 본뜬 것이다. 가운데의 점은 내용물이 있음을 뜻한다.

屬字 与(줄 여, 與와 同字)

几(jǐ) (居履切 - 거리절) (안석 궤)

踞几也. 象形. 『周禮』五几: 玉几, 雕几, 彤几, 鬃几, 素几. 凡几之屬皆從几.

안석이다. 상형이다. 『周禮』의 五几 중에 "玉几, 雕几, 彤几, 鬃几, 素几"가 있다.

說明 甲骨文의 字形은 几으로, 안석을 본뜬 것이다. 小篆과 자형이 같다. 고대 제향에 쓰는 기구의 한 가지이다.

屬字 凭(기댈 빙)

且(jū, qiě) (子余切. 又, 千也切 - 자여, 천야절) (또 차)

薦也. 從几, 足有二橫, 一其下地也. 凡且之屬皆從且.

공물을 바치는 것이다. 几를 따르며, 다리에 두 개의 가름대가 있으며, 一은 그 아래의 땅이다.

說明 甲骨文의 字形은 且으로, 先祖에게 제를 지낼 때 고기를 올려놓는 기

구이다. 그런고로 先祖를 '且'라 하였으며, 후에 '祖'字가 만들어져 그 뜻을 나타내게 되었다.

495

斤(jīn) (擧欣切 – 거흔절) (도끼 근)

斫木也. 象形. 凡斤之屬皆從斤.
나무를 찍는 것이다. 상형이다.

說明 甲骨文의 字形은 ⟨으로, 도끼를 간략하게 그린 것이다. 斧와 斤은 기실 서로 다른 기구이다. 斧는 날이 세로 되어 나무를 베(伐)는 것이고, 斤은 날이 가로 되어 나무를 자르(砍)는 것이다.[246]

屬字 斧(도끼 부), 斫(벨 작), 斯(이 사), 新(새 신)

496

斗(dǒu) (當口切 – 당구절) (말 두)

十升也. 象形, 有柄. 凡斗之屬皆從斗.
열 되이다. 상형으로, 자루가 있다.

說明 甲骨文의 字形은 두로, 자루가 달린 말을 본뜬 것이다. 金文의 자형은 ⟨로 甲骨文과 같다. 자루부분의 一은 裝飾한 흔적이다.

屬字 料(되질할 요), 魁(으뜸 괴), 斜(비낄 사), 升(되 승)

---

246) 李徹, 「說文部首研究」(國立臺灣師範大學 석사학위논문, 民國 76年), p.324.

矛(máo) (莫浮切 - 막부절) (창 모)

酋矛也. 建於兵車, 長二丈. 象形. 凡矛之屬皆從矛.

추장이 쓰는 창이다. 병사를 거느릴 수 있는 것으로, 길이가 두 丈이다. 상형이다.

說明 | 甲骨文에는 보이지 않고 金文의 字形은 ♀로, 창을 그린 것이다. 矛盾이란 창과 방패를 뜻한다. 옛날에 창과 방패를 파는 사람이 있었다. 그는 그 어떤 방패도 이 창을 당할 수 없다고 장담하였다. 또 방패를 들어 보이며 그 어떤 창도 이 방패를 뚫을 수 없다고 말하였다. 듣고 있던 한 사람이 "그럼 당신의 창으로 당신의 방패를 찌르면 어떻게 되는 것이오?"라고 묻자 그 장사꾼은 아무 대답도 못 하였다고 한다. 그리하여 '矛盾'이라는 말이 나오게 되었다.

屬字 | 猎(창 색), 矜(불쌍히 여길 긍)

車(chē) (尺遮切 - 척차절) (수레 차)

輿輪之總名. 夏后時奚仲所造. 象形. 凡車之屬皆從車.

바퀴가 있는 수레의 총칭이다. 夏后 때의 奚仲이 만들었다. 상형이다.

說明 | 甲骨文의 字形은 ⊕로, 두 개의 바퀴가 있는 수레를 본뜬 것이다. 점차 簡筆化되어 하나의 바퀴만 남긴 小篆과 같은 형태로 변하였다.

屬字 | 載(실을 재), 軍(군사 군), 範(법 범), 輪(바퀴 륜)

499

自(duī) (都回切 – 도회절)

小阜也. 象形. 凡自之屬皆從自.

작은 언덕이다. 상형이다.

說明 甲骨文의 字形은 𠂤인데 諸家들의 견해가 분분하다. 羅振玉은 '師'字의 古文으로 보고 있다. 郭沫若은 '堆'의 古字로 보고 있다. 孫海波 등은 說文의 '小阜也'를 따른다.[247] 屬字 官의 경우 '언덕'과는 관계가 없으며, ⌒과 古文 師를 따르므로 羅振玉의 견해를 따를 만하다.

屬字 官(벼슬 관)

卷十四下

500

自(fù) (房九切 – 방구절)

大陸, 山無石者. 象形. 凡自之屬皆從自.

큰 뭍인데, 돌이 없는 산이다. 상형이다.

說明 甲骨文의 字形은 𨸏으로, 언덕의 모습을 그린 것이다. 세로 그린 것인데 가로 그리면 山의 甲骨文과 비슷하다. 屬字들은 대부분 뭍과 관련되므로 許說을 따를 만하다. 徐中舒는 甲骨文의 字形을 고대 움집의 울퉁불퉁한 벽의 형상으로 보고 있다.

屬字 陵(큰 언덕 릉), 陽(볕 양), 陸(뭍 륙), 阿(언덕 아)

---

247) 徐中舒, 『甲骨文字典』(中國, 四川辭書出版社), pp.1499~1500.

501

𨸏(fù) (房九切 – 방구절)

兩阜之間也. 從二𨸏. 凡𨸏之屬皆從𨸏.

두 언덕의 사이이다. 두 개의 阜를 따른다.

說明 甲金文에는 보이지 않는다. 戰國時代의 字形은 으로, 두 개의 阜가 대치된 가운데에 사이가 있는 형상이다.

502

厽(lěi) (力軌切 – 력궤절) (쌓을 뢰)

絫土㚌土爲牆壁. 象形. 凡厽之屬皆從厽.

흙을 쌓아서 담을 쌓은 것이다. 상형이다.

說明 甲骨文에는 보이지 않고 金文에서도 단독으로 쓰인 경우는 보이지 않으며 屬字의 絫의 字形은 로, 실을 높이 쌓아 올린 형상이다. 段注에 "絫之隸變作'累', '累'行而絫廢"라고 하였다.248)

屬字 絫(포갤 류)

503

四(sì) (息利切 – 식리절) (넉 사)

陰數也. 象四分之形. 凡四之屬皆從四.

陰의 수이다. 사방(□)을 八로 나눈 형태이다.

說明 甲骨文의 字形은 亖로, 一, 二, 三과 마찬가지로 획을 쌓아 수를 나타낸 것이다. 金文에서도 역시 甲骨文과 같은 자형이었으며 春秋戰國 시기부터 小篆과 같은 형태로 쓰이게 되었다. 許愼은 陰陽五行說의 觀念으로 '四'를 해석하고 있다. 本部에는 屬字가 없다.

---

248) 段玉裁, 『說文解字注』(上海古籍出版社, 1988), p.737.

504

宁(zhù) (直呂切 – 직려절) (쌓을 저)

辨積物也. 象形. 凡宁之屬皆從宁.
물건을 분별하여 쌓아 두는 것이다. 상형이다.

說明 甲金文의 字形은 모두 ㅂㅓ로, 물건을 쌓아 두는 기구로서 상하와 양쪽
은 그 기둥이고 가운데에 물건을 쌓아둘 수 있다. 貯의 初文이다. 本
部의 屬字에는 '甾宁'字만 수록되어 있는데 音은 '陟呂切'이고 訓은
'쌀을 담는 일종의 그릇'이다.

505

叕(zhuó) (陟劣切 – 척렬절) (꿰맬 철)

綴聯也. 象形. 凡叕之屬皆從叕.
꿰매어 연결하는 것이다. 상형이다.

說明 甲金文에 모두 보이지 않는다. 秦簡에는 **㐱**과 같이 쓰고 있는데, 마
치 사람의 四肢를 결박한 형상과 같다.

屬字 綴(꿰맬 철)

506

亞(yà) (衣駕切 – 의가절) (버금 아)

醜也. 象人局背之形. 賈侍中說, 以爲次弟也. 凡亞之屬皆從亞.
'추하다'이다. 사람의 곱사등이 모양을 본뜬 것이다.

說明 甲金文의 字形은 모두 **亞**로, '人局背之形'은 결코 아니다. 亞의 甲骨
文 字形에 대하여 古今의 여러 학자들의 견해가 분분하나 모두 추측
일 뿐이다. 그중에서 孫海波(甲骨文錄考釋), 高鴻縉(中國字例), 馬敍倫

(六書疏證) 등 세 학자는 '宮室의 형상'이라고 하였으니 따를 만하다고 생각된다.

507

五(wǔ) (疑古切 – 의고절) (다섯 오)

五行也. 從二, 陰陽在天地閒交午也. 凡五之屬皆從五.

五行이다. 二를 따르며, 음양이 천지간에서 交午되는 것이다.

說明 甲骨文의 字形은 ×혹은 ⊠이다. 午의 甲骨文은 Ⴘ으로, 실을 묶어 '교착되다'의 뜻을 나타내고 있는데, 가운데에 교착된 부분의 형태는 ×와 같다. 그런고로 甲骨文에서는 숫자 5로 借用되었을 것이다. 許愼은 陰陽五行說의 원리로 해석하고 있다. 本部에는 屬字가 없다.

508

六(liù) (力竹切 – 력죽절) (여섯 륙)

『易』之數, 陰變於六, 正於八. 從入, 從八. 凡六之屬皆從六.

周易의 數인데, 陰은 六에서 變하고, 八에서 바로 잡힌다. 入과 八을 따른다.

說明 甲骨文의 字形은 ∩으로, 지붕과 두 기둥을 그린 집의 모습이다. 宀의 甲骨文과 자형이 비슷하다. 說文에서 '從入, 從八'이라고 한 字形 분석은 잘못된 것이다. 字義에 대하여 許愼은 陰陽五行說의 원리에 근거하여 풀이하고 있다. 本部에는 屬字가 없다.

509

七(qī) (親吉切 - 친길절) (일곱 칠)

陽之正也. 從一, 微陰從中衺出也. 凡七之屬皆從七.

陽의 바른 것이다. 一을 따르며, 微陰 중에서 비껴 나오는 것이다.

說明 甲骨文의 字形은 十로, 가로획의 가운데에 세로획을 추가하여 가로획을 '절단하다'의 의미를 會意하고 있다. 十의 자형이 丨에서 점차 七의 甲骨文과 비슷한 형태로 변형되자 七의 자형을 점차 小篆의 자형과 같이 변화시켜 十과 구별시켰다.[249] 許愼은 陰陽五行說의 원리로 해석하고 있다. 本部에는 屬字가 없다.

510

九(jiǔ) (擧有切 - 거유절) (아홉 구)

陽之變也. 象其屈曲究盡之形. 凡九之屬皆從九.

陽에서 변하는 것이다. 그 屈曲이 極에 닿은 형상이다.

說明 甲骨文의 字形은 ϟ로, 굽은 갈고랑이를 그린 것이다. 肘와 九의 甲骨文 자형이 유사하므로 丁山은 '팔 관절 모양과 같으며 肘의 本字'라고 자형을 분석하였다. 또한 "九와 肘의 古音이 비슷하므로 숫자 9로 借用되었다."고 말하고 있다.[250] 許愼은 陰陽五行說의 원리로 해석하고 있다.

屬字 馗(광대뼈 구)

---

249) 徐中舒, 『甲骨文字典』(中國, 四川辭書出版社), p.1530.
250) 董蓮池, 『說文部首形義通釋』(中國, 東北師範大學出版社), p.365.

511

内(róu) (人九切 - 인구절) (발자국 유)

獸足蹂地也. 象形, 九聲. 『爾疋』曰：狐, 貍, 貛, 貉醜, 其足蹞, 其
迹内. 凡内之屬皆從内.

짐승의 발자국이다. 상형이며, 九성이다. 『爾疋』에 이르기를 "狐, 貍,
貛, 貉醜의 발자국과 그 흔적이다."라고 하였다.

說明 甲骨文에는 보이지 않는다. 内의 屬字 禽이나 萬은 모두 内를 따르지
않는 獨體象形文이다. 篆文에서 离의 結構에 의하여 内部가 생겨났지
만 内는 결코 짐승의 발자국 형태가 아니므로 許說의 字義分析은 따
를 바가 못 된다.

屬字 禽(날짐승 금), 离(산신 리), 萬(일만 만), 禹(하우씨 우)

512

嘼(shòu) (許救切 - 허구절)

㹞也. 象耳, 頭, 足内地之形. 古文嘼, 下從内. 凡嘼之屬皆從嘼.
가축이다. 귀와 머리, 발자국 등을 그린 것이다. 고문 獸는 아래에 内를
따른다.

說明 甲骨文에서 단독으로 쓰인 경우는 보이지 않으나 屬字 獸의 字形을
관찰해 보면 單 을 따르는데 마치 사냥도구의 형상과 같다. 金文에
와서는 'ㅁ'가 첨가되어 嘼과 같이 변하였다. 許慎은 짐승을 그린 象
形字로 보고 있는데 이는 잘못된 形義分析이다.

屬字 獸(짐승 수)

513

甲(jiǎ) (古狎切 - 고압절) (첫째 천간 갑)

東方之孟, 陽氣萌動, 從木戴孚甲之象. 一曰: 人頭宜爲甲, 甲象人頭. 凡甲之屬皆從甲.

동방의 맏이이며, 陽氣가 성하여 싹이 트고 생동한다. 때문에 甲은 초목이 나올 때 머리에 종자의 껍질을 쓴 모습을 그린 것이다. 일설에는 "사람의 머리가 비어 있는 것을 甲이라고 한다."고 하였는데, 마침 甲은 사람의 머리와 같다.

說明 甲骨文의 字形은 十 혹은 田으로, 어떤 형태를 취한 것인지 분명하지 않다. 許愼의 解析은 陰陽五行說에 의한 것이다. 小篆에서는 田과 구별하기 위하여 획을 변형시킨 것이다. 本部에는 屬字가 없다.

514

乙(yǐ) (於筆切 - 어필절) (새 을)

象春艸木冤曲而出, 陰气尙彊, 其出乙乙也. 與丨同意. 乙承甲, 象人頭. 凡乙之屬皆從乙.

봄에 草木이 굽어서 나온 것을 본뜬 것으로, 陰氣가 아직 강하여 그 나옴이 어려운 것이다. 丨과 같은 뜻이다. 乙은 甲을 이으며, 사람의 頸部의 형태이다.

說明 甲骨文의 字形은 ⟨으로, 그 형상이 분명하지 않다. 許愼의 字形, 字義 분석이 정확한지에 대해서는 아직 고찰 중이다. 許說 중의 '陰气尙彊'은 陰陽五行說에 의한 분석이다.

屬字 乾(하늘 건), 亂(어지러울 란)

515

丙(bǐng) (兵永切 – 병영절) (남녘 병)

位南方, 萬物成, 炳然. 陰气初起, 陽气將虧. 從一入冂. 一者, 陽也.
丙承乙, 象人肩. 凡丙之屬皆從丙.

남방에 위치하며, 만물이 이루어지어 빛이 밝은 모양이다. 음기가 일어
나기 시작하고 陽氣가 장차 수그러드는 것이다. 一과 入과 冂을 따른
다. 一은 陽을 나타내고, 丙은 乙을 이으며 사람의 어깨와 같다.

說明 甲骨文의 字形은 丙으로, 字形에 대하여 학자들의 견해가 各異하다.
郭沫若은 '물고기의 꼬리' 같다 하고, 于省吾는 '물체의 다리' 같다 하
고, 葉玉森은 '几의 형태'와 같다고 하는데 모두 근거 없는 말이다. 許
愼의 解說은 陰陽五行說에 의한 것이다. 本部에는 屬字가 없다.

516

丁(dīng) (當經切 – 당경절) (넷째 천간 정)

夏時. 萬物皆丁實. 象形. 丁承丙, 象人心. 凡丁之屬皆從丁.

여름을 가리킨다. 만물은 모두 열매가 성한다. 상형이다. 丁은 丙 다음
에 이어지며 사람의 심장과 같다.

說明 甲骨文의 字形은 口이다. 徐中舒는 다음과 같이 해석하고 있다. "半坡
유적지의 건축물을 연구한 바에 의하면, 宮의 자형과 같이 벽 윗부
분에 공기를 통하게 하는 창구멍이 나 있고, 창문 밑의 벽 가운데에
출입문이 뚫어져 있었다. 甲骨文에서는 書寫의 편리를 위하여 창문
과 문의 크기를 균일하고 정연하게 그려 宮과 같은 자형을 만들었
다. 그러나 宮室건축물을 실제로 고찰한 결과 口형은 창문이었으며,
宮室의 최상에 위치하고 있었다. 때문에 甲骨文에서는 창문의 형태
인 口으로 頂顚의 頂을 표시하였을 것이며, 또한 天干의 丁으로 借
用하였을 것이다." 本部에는 屬字가 없다.

517

戊(wù) (莫候切 – 막후절) (다섯째 천간 무)

中宮也. 象六甲五龍相拘絞也. 戊承丁, 象人脅. 凡戊之屬皆從戊.
中央이다. 마치 六甲 중의 五龍이 서로 잡고 꼬여 있는 것과 같다. 戊
는 丁 다음에 이어지며, 사람의 옆구리와 같다.

說明 甲骨文의 字形은 으로, 도끼모양의 병기이다. 許愼의 解說은 陰陽五行
說에 따른 것으로 믿을 바가 못 된다. 六甲이란 天干地支를 서로 배합
하여, 순환하여 얻는 60일 중에 6개의 甲日이 있는데, 즉 甲子, 甲戌,
甲申, 甲午, 甲辰, 甲寅을 가리키는 것이다. 五龍이란 그 六甲 중의 五辰
을 말하는 것인데, 五辰이 곧 五龍을 가리키며, 黃龍, 白龍, 黑龍, 靑龍,
赤龍이 그것인데 모두 중앙에 위치해 있다. 戊도 중앙에 위치해 있고
五劃이므로 '六甲五龍相拘絞'로 비유한 것이다.[251]

屬字 成(이룰 성)

518

己(jǐ) (居擬切 – 거의절) (여섯째 천간 기)

中宮也. 象萬物辟藏詘形也. 己承戊, 象人腹. 凡己之屬皆從己.
中央이다. 만물을 숨길 때 구불구불한 형상이다. 己 는 戊 다음에 오는
것이며 사람의 복부와 같다.

說明 甲骨文의 字形은 己로, 諸家의 견해가 各異하다. 羅振玉과 郭沫若은
주살(隿)에 휘감긴 줄의 형상이며 隿의 本字로 보고 있다. 葉玉森은
낚싯줄을 묶은 형상이라고 하였다.[252] 李徹은 실을 가로세로 묶어
실마리(紀)가 있는 형상이며 紀의 初文이라고 보고 있다.[253] 許說은
陰陽五行說을 따른 것이다.

---

251) 斷玉裁, 『說文解字注』(上海古籍出版社, 1988), p.741.
252) 徐中舒, 『甲骨文字典』(中國, 四川辭書出版社), pp.1555～1556.
253) 李徹, 「說文部首硏究」(國立臺灣師範大學 석사학위논문, 民國 76年), p.347.

519

巴(bā) (伯加切 - 백가절) (땅 이름 파)

蟲也. 或曰: 食象蛇. 象形. 凡巴之屬皆從巴.

蟲이다. 혹설에 먹이는 뱀의 먹이와 같다고 한다. 상형이다.

說明 甲金文에는 모두 보이지 않는다. 漢印에 屵와 같이 쓰고 있다. 마치 머리가 큰 뱀 종류의 파충류의 형상이다. 屬字에는 帚와 巴를 따르는 '帚巴'字만 수록되어 있는데 뜻은 '反手擊物也'이고 形과 音은 모두 빠져 있다.

520

庚(gēng) (古行切 - 고행절) (일곱째 천간 경)

位西方, 象秋時萬物庚庚有實也. 庚承己, 象入臍. 凡庚之屬皆從庚.

서쪽에 위치하며, 가을에 만물이 단단하여 열매가 있는 형상이다. 庚은 己를 이으며, 사람의 배꼽과 같다.

說明 甲骨文의 字形은 ⿰ 이며 金文은 ⿱이다. 郭沫若은 庚의 字形이 '귀가 있고 흔들 수 있는 악기의 형상이다'고 하였는데 따를 만하다. 小篆의 字形은 양손에 방패(干)를 잡고 있는 형상으로 甲金文과 자형이 다르다. 許愼의 字形分析은 정확하지 않으며 字義解釋 역시 陰陽五行說에 의한 것이다. 本部에는 屬字가 없다.

521

辛(xīn) (息鄰切 - 식린절) (매울 신)

秋時. 萬物成而孰, 金剛味辛, 辛痛卽泣出. 從一, 從䇂, 䇂, 罪也. 辛承庚, 象人股. 凡辛之屬皆從辛.

가을을 뜻한다. 만물이 성숙한다. 辛은 金에 속하는데, 金의 속성이 剛硬하고 그 맛이 辛辣하여 사람들로 하여금 고통스러워 눈물을 흘리게 한다. 一과 𢆶을 따르며, 𢆶은 허물이다. 辛은 庚을 이으며, 사람의 넓적다리이다.

說明 甲骨文의 字形은 𢆶으로, 甲骨文에서는 辛과 同字이다. 郭沫若은 辛의 字形에 대하여 '새김칼로서 墨刑을 시행할 때 사용하는 形具'라고 보고 있는데 따를 만하다. 墨刑이란 죄인의 얼굴에 죄명을 새기는 고대의 형벌이다. 후세에 '매움, 독함, 괴로움, 슬픔' 등의 뜻으로 쓰이게 되었다. 許說은 陰陽五行說에 따른 것이다.

屬字 辜(허물 고), 辥(허물 설), 辭(말 사)

522

辡(biàn) (方免切 – 방면절)

罪人相與訟也. 從二辛. 凡辡之屬皆從辡.
두 죄인이 서로 송사함을 뜻한다. 두 개의 辛을 따른다.

說明 甲金文에는 보이지 않는다. 徐灝는 『說文解字注箋』에서 다음과 같이 말하였다. "송사는 필히 原告와 被告 쌍방이 있어야 하므로 두 개의 辛을 따랐을 것이다. 마치 두 죄인과 같다. 쌍방 가운데 한쪽은 필히 죄인이 아닐 것이므로 '辯論'의 의미를 지닌다. 다르게는 辯으로 쓰기도 하는데 역시 辨別의 의미를 지니며, 또 다르게는 辨으로도 쓴다."

屬字 辯(말 잘할 변)

523

壬(rén) (如林切 - 여임절) (아홉째 천간 임)

位北方也. 陰極陽生, 故『易』曰: 龍戰于野. 戰者, 接也. 象人裹妊之
形. 承亥壬以子, 生之叙也. 與巫同意. 壬承辛, 象人脛. 脛, 任體也.
凡壬之屬皆從壬.

북쪽에 위치한다. 음이 극이며 양이 생성된다. 그런고로 『周易』에 '龍
戰于野'(龍은 陽, 野는 陰을 비유하였음)라 하였을 것이다. 戰이라 함
은 交接을 뜻한다. 사람이 임신한 형상이다. 亥와 壬은 모두 북쪽에 위
치하는데, 亥의 뒤에는 子가 오므로 亥자는 아이를 품은 형상이다. 巫
와 같은 의미이다. 壬은 辛 다음에 오며, 사람의 정강이와 같다. 정강이
는 몸을 받든다.

說明 甲骨文의 字形은 Ⅰ으로, 그 형상이 분명하지 않다. 許說에서처럼 '사
람이 임신한 형상'은 아니다. 小篆의 자형은 壬, 玉과 구별하기 어렵
다. 許愼은 陰陽五行說의 원리로 解說하고 있다. 本部에는 屬字가 없
다.

524

癸(guǐ) (居誄切 - 거뢰절) (열째 천간 계)

冬時. 水土平, 可揆度也. 象水從四面流入地中之形. 癸承壬, 象人足.
凡癸之屬皆從癸.

겨울을 뜻한다. 겨울에 물과 흙이 고르게 되는 것으로 헤아릴 수 있다.
마치 물이 사방으로부터 땅속으로 흘러드는 형상과 같다. 癸는 壬 다음
에 오는 것이며, 사람의 발과 같다.

說明 甲骨文의 字形은 ✕이며, 金文의 자형은 ✳로, 그 형상이 분명하지
않다. 화살(矢)의 初文이라고 보는 학자들도 있으나 네 개의 날카로
운 끝이 있는 兵器로 보인다. 아무튼 許說에서처럼 '물이 사방으로부

터 땅속으로 흘러드는 형상'은 아니다. 許愼은 역시 陰陽五行說로 解說하고 있다. 本部에는 屬字가 없다.

525

子(zǐ) (卽里切 – 즉리절) (아들 자)

十一月. 陽气動, 萬物滋, 人以爲偁. 象形. 凡子之屬皆從子.
11월을 뜻한다. 양기가 발동하여 만물이 번식하므로, 사람이 그것을 가지고 칭호로 삼는다.

說明 甲骨文의 字形은 甴 혹은 ⼦ 혹은 ꝛ 등 형태가 다양한데, 모두 嬰兒의 형상을 그린 것이다. 그중에서 ꝛ는 兒의 本字가 아닌가 의심된다. 許愼은 陰陽五行說에 근거하여 解說하고 있다. 子는 十二地支 中 첫째이다.

屬字 孕(아이 밸 잉), 字(글자 자), 季(끝 계), 存(있을 존)

526

了(liǎo) (盧鳥切 – 로조절) (마칠 료)

尥也. 從子無臂. 象形. 凡了之屬皆從了.
'걷기에 고생스럽다'이다. 子에 팔이 없는 것을 따른다. 상형이다.

說明 甲金文에 모두 보이지 않는다. 王均은 『說文釋例』에서 "了, 孑, 孓은 子에서 생략된 것이다. 了는 두 팔이 모두 없는 것이고, 孑은 오른팔이 없는 것이며, 孓은 왼팔이 없는 것이다. 許愼이 '了'를 '象形'이라고 말한 것은 잘못된 것이다."라고 하였으니 가히 따를 만하다.

屬字 孑(외로울 혈), 孓(짧을 궐)

527

孨(zhuǎn) (旨兗切 – 지연절)

謹也. 從三子. 凡孨之屬皆從孨. 讀若翦.

삼가다는 뜻이다. 세 개의 子를 따른다. 翦처럼 읽는다.

說明 甲金文에는 보이지 않고 古匋에는 𤕯로 쓰고 있는데 小篆과 자형이 같다. 徐灝는 『說文解字注箋』에서 "本義는 '잔약하다'이고, '삼가다' 는 引申된 의미이다. 세 아이가 모두 젖먹이이니 孱弱 함을 뜻한다." 고 하였는데 따를 만하다.

屬字 孱(잔약할 잔)

528

𠫓(tū) (他骨切 – 타골절) (돌)

不順忽出也. 從到子. 『易』曰: 突如其來如. 不孝子突出, 不容於內 也. 凡𠫓之屬皆從𠫓.

도리에 어긋나게 갑자기 나오는 것이다. 子가 거꾸로 된 것을 따른다. 『周 易』에서는 '돌연히 오는 것'이라 하였다. 불효자는 돌연히 나오니, 속에 담을 수 없다.

說明 甲骨文에 단독으로 쓰인 경우는 없으나, 屬字 育의 갑골문은 𣎴을 따 르는데 아이가 거꾸로 된 모습이다. 育의 甲骨文 字形은 𣎴으로, 여자 가 아이를 낳는 모습의 會意字이다. 335부 '后'字의 甲骨文의 자형은 '育'과 유사한 𣎴으로, 人과 𠫓을 따르며 사람이 아이를 낳는 모습의 會意字로 보인다. 許說의 '不順忽出也'는 따를 바가 못 된다.

屬字 育(기를 육), 疏(트일 소)

529

丑(chǒu) (敕九切 – 칙구절) (소 축)

紐也. 十二月, 萬物動, 用事. 象手之形. 時加丑, 亦擧手時也. 凡丑
之屬皆從丑.

묶여 있는 것이다. 12월을 가리키는데, 만물이 운동하여 장차 일하려
함이다. 마치 손의 모양과 같다. 하루 중에 丑時를 가하는 것 역시 손
을 들고 일하려는 시간이기 때문이다.

說明 甲骨文의 字形은 굿으로, 손가락이 묶여 있는 형상이다. 金文과 小篆
은 자형이 같으며 손가락이 묶여 있는 형상이 더욱 선명한데, 사람
이 하고자 하여도 행하기 어려운 것을 나타낸 字이다. 12월은 겨울
이기에 만물이 쉬는 시기이고, 하루 중의 축시(1시~3시)는 잠을 자
는 시간이기에 손가락이 묶여 있는 형상으로 그 뜻을 나타냈다.

屬字 羞(바칠 수)

530

寅(yín) (弋眞切 – 익진절) (셋째 지지 인)

髕也. 正月. 陽气動, 去黃泉, 欲上出, 陰尙彊, 象宀不達, 髕黃於下
也. 凡寅之屬皆從寅.

'배척하다'254)이다. 정월을 뜻한다. 양기가 발동하여 黃泉을 떠나 위로
솟으려 하나 아직 陰氣가 강하여 마치 사면이 지붕으로 덮여 있는 집처
럼 陽氣를 덮어 올라가지 못하도록 내리누르는 것과 같다.

說明 早期(一~四期) 甲骨文의 字形은 굿으로, 화살의 모양이며 矢와 同字이
다. 그러나 後期(五期) 甲骨文은 굿과 같이 口를 추가하여 兵器인 矢와
구별하였다.255) 小篆에서는 宀을 따르나 사실은 화살촉이 변화된 것
이다. 許愼은 陰陽五行說로 解說하고 있다. 本部에는 屬字가 없다.

---

254) 董蓮池, 『說文部首形義通釋』, p.384에 "'髕'爲揹棄排斥之意"라고 하였으므로 그를 따랐다.
255) 徐中舒, 『甲骨文字典』(中國, 四川辭書出版社), pp.1585~1586.

531

卯(mǎo) (莫飽切 - 막포절) (넷째 지지 묘)

冒也. 二月. 萬物冒地而出, 象開門之形, 故二月爲天門. 凡卯之屬皆從卯.
冒이다. 2월을 뜻한다. 만물이 땅을 뚫고 나오는 것이며, 門을 열어 놓
은 형상이다. 그러므로 2월을 天門이라 하였을 것이다.

<blockquote>
說明　甲骨文의 字形은 🄷인데 그 형상이 분명하지 않고 諸家들의 견해가
各異하다. 王國維는 "牲의 法名으로 쓰였으며 마땅히 '劉'와 같이 읽
어야 하며 '죽이다'의 뜻"이라고 하였다. 高鴻縉은 '剖'의 初文으로
보았는데, "八로 물건을 둘로 쪼갠 것을 따르며, 어떤 물건인지는 모
르나 합치면 ○이고 쪼개면 ◯로 되는 것으로 모든 물건의 通象"이
라고 하였으니 모두 참고할 만하다.256) 本部에는 屬字가 없다.
</blockquote>

532

辰(chén) (植鄰切 - 식린절) (날 신)

震也. 三月. 陽气動, 雷電振, 民農時也. 物皆生, 從乙, 匕, 象芒達,
厂聲也. 辰, 房星, 天時也. 從二, 二, 古文上字. 凡辰之屬皆從辰.
震이다. 3월을 뜻한다. 陽氣가 발동하여 천둥번개가 진동하며, 농민들
이 농사를 짓는 시기이다. 만물이 모두 생장하기 시작하므로 辰은 乙을
따르며, 匕는 마치 까끄라기가 자라는 것 같고, 厂은 聲이다. 辰은 房
星을 대표하며, 경작할 시간이 왔음을 나타낸다. 二를 따르는데, 二는
고문 上이다.

<blockquote>
說明　甲骨文의 字形은 🄼으로, '農'字도 辰을 따르는데 古代의 農業勞動에
서 草木을 베는 일종의 농기구이다. '震也'는 聲訓이다. 許愼은 陰陽
五行說로 解說하고 있다.
</blockquote>

<blockquote>
屬字　辱(욕되게 할 욕)
</blockquote>

---

256) 董蓮池, 『說文部首形義通釋』(中國, 東北師範大學出版社), pp.385~386.

533

巳(si) (詳里切 – 상리절) (여섯째 지지 사)

巳也. 四月. 陽氣巳出, 陰氣巳藏, 萬物見, 成文章, 故巳爲蛇. 象形.
凡巳之屬皆從巳.

뱀이다. 4월을 가리킨다. 陽氣가 성하면 뱀이 나오고, 陰氣가 성하면
숨는다. 4월은 만물이 보이고 무늬를 형성하므로, 巳를 뱀이라 하였을
것이다. 상형이다.

說明 甲骨文의 字形은 ȣ 혹은 ♀ 혹은 ♀로, 甲骨文에서는 子자와 同字이
다. 許愼은 뱀의 형상을 본뜬 것으로 보고 있는데 ȣ는 虫의 甲骨文
과 유사하므로 그럴 법도 하다. 許愼은 陰陽五行說에 근거하여 解說
하고 있다.

534

午(wǔ) (疑古切 – 의고절) (일곱째 지지 오)

啎也. 五月. 陰气啎逆陽, 昌地而出. 此予矢同意. 凡午之屬皆從午.
啎(거역하다)이다. 5월이다. 陰氣가 陽氣를 거역하고 땅에서 솟아오른
다. 午는 矢와 같은 의미이다.

說明 甲骨文의 字形은 ȣ로, 실을 교차되게 묶은 형상이다. 金文은 ↑로 점
차 小篆과 같은 자형으로 변화되었는데, 모두 矢의 字形과 유사하다.
그리하여 許愼은 陰陽五行說을 이용하여 그 이유를 설명하고 있다.

屬字 啎(만날 오, 本義: 逆也 – 거스르다)

535

未(wèi) (無沸切 – 무비절) (아닐 미)

味也. 六月. 滋味也. 五行木老於未, 象木重枝葉也. 凡未之屬皆從未.

味이다. 6月이다. 滋味이다. 오행에 나무가 늙으면 未가 된다고 하였으며, 마치 나무의 가지와 잎이 무성함을 나타내었다.

說明 甲骨文의 字形은 米로, 나무에 가지가 많은 形象이다. 許愼의 字形해설 역시 따를 만하다. 本義는 알 수 없고, 地支字로 假借된 것은 확실하다.[257] 本部에는 屬字가 없다.

536

申(shēn) (失人切 – 실인절) (아홉째 지지 신)

神也. 七月. 陰气成, 體自申束, 從𦥑, 自持也. 吏臣鋪時聽事, 申旦政也. 凡申之屬皆從申.

神(신명)이다. 7月이다. 陰氣가 형성되어 형태가 스스로 폈다 구부렸다 하므로 𦥑을 따르며, 스스로 공제함이다. 관리와 신하가 申時에 식사하고, 정사는 아침에 받든다.

說明 甲骨文의 字形은 ⌇으로, 번갯불 빛이 굴절된 形象이다. 許愼은 虫部의 屬字 虹의 아래에 나온 고문 䖇申에서 '申, 電也'라 하고, 申部에서는 '神也'라 하였으니 모순된다. 그러므로 申을 '번갯불 빛의 형상'이라고 보는 것이 옳을 것이다. 그러므로 電의 初文이다. 許愼의 解說은 정확하지 않다.[258]

屬字 㑗(작은 북소리 인), 臾(잠깐 유), 曳(끌 예)

257) 上揭書, p.389.
258) 徐中舒, 『甲骨文字典』(中國, 四川辭書出版社), pp.1599〜1600.

537

酉(yǒu) (與久切 – 여구절) (닭 유)

就也. 八月, 黍成, 可爲酎酒. 象古文酉之形. 凡酉之屬皆從酉. 從卯,
卯爲春門, 萬物已出. 酉爲秋門, 萬物已入, 一, 閉門象也.
就이다. 8月이다. 기장이 성숙되면 술을 빚을 수 있다. 古文 酉와 그
형태가 같다. 卯를 따르는데, 卯는 春門으로서 만물이 나간다. 酉는 秋
門으로서 만물이 이미 들어왔으며, 一은 문을 닫은 형상이다.

說明 甲骨文의 字形은 酉로, 술을 담는 그릇의 형상이다. 許愼은 '從卯'라
고 하였으나 甲金文은 獨體象形이다. '就也'라 함은 聲訓이다. 酉를
따르는 屬字는 모두 64자인데 모두 술이름, 술맛, 술 빚는 방법 등에
대한 글자들로 중국 고대에도 술문화가 발달되었음을 알 수 있다.
許愼은 陰陽五行說에 근거하여 해석하고 있다.

屬字 酒(술 주), 釀(빚을 양), 醞(빚을 온), 醫(의원 의)

538

酋(qiú) (字秋切 – 자추절) (두목 추)

繹酒也. 從酉, 水半見於上. 『禮』有大酋, 掌酒官也. 凡酋之屬皆從酋.
오래 빚은 술이다. 酉를 따르며, 水의 반쪽이 위에 보인다. 『禮』에 "大
酋長은 술을 장악하는 관리였다."고 하였다.

說明 甲金文에는 보이지 않는다. 古璽에는 酋로 쓰고 있는데, 酉와 마찬가
지로 술 담는 그릇의 형상이며, 위의 두 점은 술이 넘쳐흐름을 뜻하
는 會意이다. 甲骨文에 보이지 않는 것으로 보아 殷시대에는 酋長이
없었던 것으로 보인다.

屬字 尊(높을 존)

539

戌(xū) (辛聿切 – 신율절) (개 술)

滅也. 九月. 陽氣微, 萬物畢成, 陽下入地也. 五行, 土生於戊, 盛於
戌, 從戊含一. 凡戌之屬皆從戌.

'멸하다'이다. 9월을 뜻한다. 陽氣가 미약하고 만물이 이미 성숙되어,
양기가 땅속으로 들어간다. 오행에서 土는 戊에서 생기고 戌에서 성하
므로, 戌은 戊가 一을 품은 것을 따른다. 甲文에서는 도끼처럼 날이 넓
은 병기를 그린 것이다.

說明 甲骨文의 字形은 㐄로, 戉와 같은 도끼모양의 兵器이다.甲骨文에서는
獨體象形이다. 許慎은 陰陽五行說에 의하여 解說한 것이므로 자형, 자
의 分析은 모두 따를 바가 못 된다. 本部에는 屬字가 없다.

540

亥(hài) (胡改切 – 호개절) (돼지 해)

荄也. 十月. 微陽起, 接盛陰. 從二, 二, 古文上字. 一人男, 一人女
也. 從乙, 象裹子咳咳之形. 『春秋傳』日：亥有二首六身. 凡亥之屬
皆從亥. 亥, 爲豕, 與豕同. 亥而生子, 復從一起.

荄이다. 10월이다. 미약한 陽氣가 일어, 성한 陰氣를 잇는다. 二를 따
르는데, 二는 고문 上이다. 한 사람은 남자이고 한 사람은 여자이다. 乙
을 따르는데 마치 아이를 앉고 다독이는 모습과 같다. 『春秋傳』에 "亥
자는 二首六身"이라 하였다. 亥는 豕가 되므로 豕와 같다. 亥는 子를
낳으므로 다시 一로부터 시작된다.

說明 甲骨文의 字形은 㣎로, 그 자형이 분명하지 않다. 許慎은 '豕'와 同字
라고 하였으나 두 글자의 甲骨文은 相異하므로 정확하지 않다. 甲骨
文의 자형으로부터 볼 때 돼지는 같지 않으나 주둥이, 사지, 꼬리가
긴 동물의 형상이다. 許慎은 또 '一人男, 一人女也……'라고 자형을

말하고 있는데 小篆에만 의거한 잘못된 해석이다. '荄也'라 함은 聲訓이다. 本部에는 屬字가 없다.

許說 중의 '亥而生子, 復從一起'의 뜻은 다음과 같다. 干支字의 말미인 '亥'는 子를 낳음으로써 다시 十二支의 최초인 子로 돌아간다. 十二支만 순환하는 것이 아니라『說文解字』도 순환한다. '亥'에 이르러 子가 태어나, 다시 一로부터 시작한다. 즉 540部의 처음인 '一'部로 되돌아가 다시 시작한다.

許愼은 部首字를 解說함에 있어서 陰陽五行說의 원리에 근거한 解釋이 많은데 540이란 숫자 역시 陰과 陽의 상징인 수를 곱하여 도출된 것이다. 그러므로 그 구성은 삼라만상, 모든 만물을 거기에 수용하고자 하는 의식하에 완성된 것이다.

一切唯心造

모든것이마음먹기에달
려있으니못할것이
없다 하면된다

제천서영근

結 論

앞에서 고찰한 바를 종합하면 『說文解字』의 540部首字 가운데서 『甲骨文字典』(徐中舒 編)과 유관 甲骨文資料[259]를 살펴본 바에 의하면 甲骨文에서 單獨으로 쓰인 경우가 보이는 部首는 모두 371字이며 具體的으로 다음과 같은 字들이다.

1) 甲骨文에도 있는 『說文解字』의 部首字		
卷	部首字	合計
卷一上	001. 一 002. 上 003. 示 004. 三 005. 王 006. 玉 007. 珏 008. 气 009. 士	9字
卷一下	011. 屮 012. 艸 013. 蓐	3字
卷二上	015. 小 016. 八 019. 牛 021. 告 022. 口 024. ㅂㅂ 026. 走 027. 止 029. 步 030. 此	10字
卷二下	031. 正 033. 辵 034. 彳 036. 延 037. 行 038. 齒 040. 足 041. 疋 042. 品 043. 龠 044. 冊	11字
卷三上	046. 舌 047. 干 050. 冎 051. 句 052. 丩 053. 古 054. 十 055. 卅 056. 言 058. 音 059. 䇂 062. 奴 065. 異 068. 晨	14字
卷三下	071. 鬲 073. 爪 074. 丮 075. 鬥 076. 又 077. 屮 078. 史 080. 聿 081. 書 082. 畫 084. 臤 085. 臣 086. 殳 087. 殺 092. 支 093. 敎 094. 卜 095. 用 096. 爻	19字
卷四上	098. 夏 099. 目 101. 眉 103. 自 104. 白 107. 習 108. 羽 109. 隹 111. 崔 114. 羊 115. 羴 118. 雧 119. 鳥	13字
卷四下	121. 華 122. 冓 123. 幺 124. 絲 125. 叀 130. 叏 131. 歺 132. 死 133. 骨 134. 骨 135. 肉 137. 刀 138. 刃 139. 㓞 140. 丰 141. 耒 142. 角	17字
卷五上	144. 箕 146. 左 147. 工 149. 巫 150. 甘 151. 曰 152. 乃 153. 丂 154. 可 155. 兮 157. 亏 158. 旨 159. 喜 160. 壴 161. 鼓 163. 豆 164. 豊 165. 豐 167. 虍 168. 虎 169. 虤 170. 皿 172. 去 173. 血	24字

---

259) 徐無聞 主編, 『甲金篆隷大字典』, 中國, 四川辭書出版社, 1991, 馬如森, 『殷墟甲骨文引論』, 中國, 東北師範大學出版社, 1993 등.

1) 甲骨文에도 있는 『說文解字』의 部首字		
卷	部首字	合計
卷五下	175. 丹 177. 井 178. 皀 179. 鬯 180. 食 182. 會 183. 倉 184. 入 185. 缶 186. 矢 187. 高 189. 亭 190. 京 191. 亯 194. 靣 195. 嗇 196. 來 197. 麥 198. 夊 201. 韋 202. 弟 205. 桀	22字
卷六上	206. 木 207. 東 208. 林 209. 才	4字
卷六下	210. 叒 211. 之 213. 出 214. 朮 215. 生 216. 乇 217. 巠 224. 束 227. 員 228. 貝 229. 邑	11字
卷七上	231. 日 232. 旦 234. 㫃 235. 冥 236. 晶 237. 月 238. 有 239. 朙 240. 囧 241. 夕 242. 多 243. 毌 245. 東 246. 卤 247. 齊 248. 束 249. 片 250. 鼎 251. 克 252. 彔 253. 禾 254. 秝 255. 黍 256. 香 257. 米 259. 臼	26字
卷七下	264. 朮 265. 耑 269. 宀 270. 宮 271. 呂 272. 穴 273. 寢 274. 疒 277. 冃 279. 网 281. 巾 283. 帛 284. 白 286. 黹	14字
卷八上	287. 人 288. 匕 289. 匕 290. 从 291. 比 292. 北 293. 丘 294. 似 295. 壬 298. 身 299. 肙 300. 衣 301. 裘 302. 老 305. 尸	15字
卷八下	307. 尾 309. 舟 310. 方 311. 儿 312. 兄 313. 兂 314. 皃 316. 先 318. 見 320. 欠 321. 歔 322. 次 323. 旡	13字
卷九上	324. 頁 325. 百 326. 面 327. 丏 328. 首 331. 彡 333. 文 335. 后 336. 司 338. 卪 339. 印 340. 色 341. 卯 342. 辟 343. 勹 344. 包 345. 苟 346. 鬼 347. 甶	19字
卷九下	350. 山 354. 厂 357. 石 358. 長 359. 勿 360. 冄 361. 而 362. 豕 363. 帚 365. 豚 366. 豸 367. 舄 368. 易 369. 象	14字
卷十上	370. 馬 371. 鷹 372. 鹿 373. 麤 374. 兔 375. 免 377. 犬 378. 犾 382. 火 383. 炎 384. 黑	11字
卷十下	386. 焱 388. 赤 389. 大 390. 亦 391. 矢 392. 夭 393. 交 395. 壺 397. 幸 402. 才 403. 夫 404. 立 405. 竝 406. 囟 408. 心	15字
卷十一上	410. 水 411. 沝	2字
卷十一下	415. 川 416. 泉 418. 永 419. 辰 420. 谷 422. 雨 423. 雲 424. 魚 426. 燕 427. 龍 429. 非	11字
卷十二上	432. 不 433. 至 434. 西 435. 鹵 437. 戶 438. 門 439. 耳	7字
卷十二下	443. 女 444. 毋 449. 氏 451. 戈 452. 戊 453. 我 457. 亡 459. 匚 461. 甾 463. 弓 464. 弜 465. 弦 466. 系	13字
卷十三上	467. 糸 469. 絲 470. 率 471. 虫	4字
卷十三下	472. 䖵 475. 它 476. 龜 477. 黽 479. 二 480. 土 482. 堇 484. 田 485. 畕 486. 黃 487. 男 488. 力 489. 劦	13字
卷十四上	492. 勺 493. 几 494. 且 495. 斤 496. 斗 498. 車 499. 自	7字
卷十四下	500. 阜 503. 四 504. 宁 506. 亞 507. 五 508. 六 509. 七 510. 九 513. 甲 514. 乙 515. 丙 516. 丁 517. 戊 518. 己 520. 庚 521. 辛 523. 壬 524. 癸 525. 子 529. 丑 530. 寅 531. 卯 532. 辰 533. 巳 534. 午 535. 未 536. 申 537. 酉 539. 戌 540. 亥	30字
合計		371字

이 371개의 부수를 字形, 字義의 側面에서 분석하고 다시 구체적으로 (1) 人體 (2) 動物 (3) 器物 (4) 衣食住 (5) 其他로 세분화하여 고찰하였다. 결과 그중에서 字形分析이 正確하지 않은 部首는 66字로 17.8%를 차지하는데, 人體에 關聯된 字形에 대한 誤謬는 17字, 動物에 관련된 것은 8字, 器物에 관련된 것은 16

字, 衣食住에 관련된 것은 14字이며 其他 部首의 字形分析에 대한 誤謬는 11字이다. 具體的으로 다음 도표와 같이 정리할 수 있다.

2) 字形分析이 正確하지 않은 部首字		
分類	部首字	合計
人體	029. 步 046. 舌 058. 音 101. 眉 213. 出 298. 身 302. 老 320. 欠 322. 次 324. 頁 326. 面 338. 卪 342. 辟 346. 鬼 358. 長 403. 夫 429. 非	17字
動植物	142. 角 167. 虍 168. 虎 366. 豸 372. 鹿 427. 龍 476. 龜 477. 黽	8字
器物	078. 史 086. 殳 139. 初 141. 耒 144. 箕 160. 豆 164. 豊 179. 曾 186. 矢 214. 木 279. 网 433. 至 451. 戈 452. 戉 494. 且 532. 辰	16字
衣食住	123. 幺 150. 甘 158. 旨 183. 倉 187. 高 189. 郭 194. 亯 256. 香 277. 冃 286. 黹 300. 衣 301. 裘 435. 鹵 466. 系	14字
其他	015. 小 034. 彳 096. 爻 231. 日 232. 旦 234. 劢 293. 丘 357. 石 422. 雨 423. 雲 480. 土	11字
合計		66字

또한 甲骨文에서는 同一字 혹은 異體字이나 『說文』에서 두 개 혹은 여러 개의 部首로 誤分한 경우는 24가지이며, 그 속에 포함된 部首는 53字인데 具體的으로 다음과 같다.

3) 同一字 혹은 異體字를 여러 개의 部首로 誤分한 경우	
1) 005. 王과 009. 士	2) 021. 告와 046. 舌과 056. 言과 058. 音
3) 026. 走와 392. 夭	4) 031. 正과 040. 足
5) 033. 辵과 036. 延	6) 034. 彳과 037. 行
7) 059. 辛과 521. 辛	8) 080. 聿과 081. 聿
9) 103. 自와 104. 白	10) 109. 隹와 119. 鳥
11) 123. 幺와 534. 午	12) 186. 矢와 530. 寅
13) 207. 東과 224. 束	14) 269. 宀과 272. 穴
15) 287. 人과 311. 儿	16) 290. 从 과 291. 比와 294. 似
17) 298. 身과 299. 肙	8) 324. 頁과 325. 百과 328. 首
19) 354. 厂과 357. 石	20) 389. 大와 402. 才
21) 418. 永과 419. 底	22) 471. 虫과 475. 它
23) 452. 戈과 517. 戊와 539. 戌	24) 525. 子와 533. 巳

또 字義解說이 正確하지 않은 部首字는 23字인데 371字 중에서 6.2%를 차지하며 具體的으로 다음과 같은 字들이다.

4) 字義解說이 正確하지 않은 部首字		
分類	部首字	合計
人體	031. 正 040. 足 290. 从 299. 肙 343. 勹 344. 包 388. 赤 525. 子	8字
動植物	108. 羽 109. 隹 115. 轟 119. 鳥 373. 麤 378. 犮	6字
其他	001. 一 002. 丄 004. 三 044. 册 350. 山 354. 厂 382. 火 469. 絲 479. 二	9字
合計		23字

『說文解字』의 540개 部首 중 '甲骨文에서도 보이는 部首' 371字 가운데서 字形과 字義解說이 모두 正確하지 않은 部首字는 101字이며, 371字 중에서 27.3%를 차지는데, 人體와 관련된 文字의 形義해설이 잘못된 部首는 36字이며, 動植物에 관련된 것은 11字, 器物에 관련된 것은 31字, 衣食住에 관련된 것은 11字, 其他의 文字들은 12字로 整理하면 다음과 같다.

5) 字義解說이 모두 正確하지 않은 部首字		
分類	部首字	合計
人體	027. 止 033. 辵 065. 異 075. 鬥 082. 畫 084. 𣪘 085. 臣 146. 左 151. 曰 152. 乃 172. 去 198. 攴 201. 韋 205. 桀 210. 厹 211. 之 235. 冥 251. 克 284. 白 289. 匕 295. 壬 305. 尸 333. 文 335. 后 340. 色 341. 卯 345. 苟 347. 甾 384. 黑 392. 夭 418. 永 419. 辰 444. 毋 482. 堇 486. 黃 533. 巳	36字
動植物	107. 習 114. 羊 122. 𦫫 133. 骨 206. 木 242. 多 246. 肉 253. 禾 365. 豚 432. 不 457. 亡	11字
器物	003. 示 005. 王 009. 士 013. 蓐 042. 品 047. 干 059. 辛 068. 晨 121. 芈 147. 工 149. 巫 165. 豐 182. 會 227. 員 248. 束 252. 彔 264. 末 310. 方 336. 司 359. 勿 368. 易 397. 圶 453. 我 488. 力 510. 九 517. 戊 520. 庚 521. 辛 530. 寅 537. 酉 539. 戌	31字
衣食住	125. 重 177. 井 180. 食 190. 京 191. 高 249. 片 271. 呂 506. 亞 508. 六 516. 丁 534. 午	11字
其他	008. 气 037. 行 053. 古 054. 十 095. 用 140. 丰 207. 東 470. 率 503. 四 507. 五 509. 七 536. 申	12字
合計		101字

'甲骨文에서도 보이는 部首' 371字 중 本義가 分明하지 않은 部首는 모두 19字인데 이 部首에 대해서는 아직 정설이 없으므로 許愼의 解說에 대하여 옳다 그르다 結論을 내릴 수 없다. 그 部首들은 具體的으로 다음과 같은 字들이다.

6) 本義가 分明하지 않은 部首字
153. 丂 154. 可 155. 兮 169. 戲 178. 皀 216. 毛 238. 有 312. 兄 449. 氏 499. 白 513. 甲 514. 乙 515. 丙 518. 己 523. 壬 524. 癸 531. 卯 535. 未 540. 亥

이것을 綜合해 보면 무려 51.3%에 달하는 190字에 대한 字義 혹은 字形解說이 正確하지 않다. 이 結果를 圖表와 같이 整理할 수 있다.

7) 甲骨文과의 比較를 통한 『說文』部首의 誤釋 統計表							
區分	研究範圍	字形	字義	形·義	誤謬合計	本義不分明	部首誤分
字 數	371	66	23	101	190	19	53
百分比	100%	17.8%	6.2%	27.3%	51.3%	5.1%	14.6%

許愼이 쓴 『說文解字』는 中國 言語 文字學上 不朽의 傑作이지만 위에서 고찰한 바와 같이 많은 부분에서 誤謬를 범하고 있는 것 또한 事實이며 不可避한 것이다. 『說文解字』에 대하여 그 偉大한 業績을 높이 評價해야 하나 그가 범한 重大한 誤謬를 밝혀 漢字의 意味를 正確히 인지하는 것도 重要한 作業이다.

參考文獻

論文

林貫秋, 「說文解字之"一字注"正誤例案」, 國魂 297卷, 民國 59.8.

江擧謙, 「說文古文研究」, 東海學報 21. 民國 69. 6.

張標, 「說文部首與字源」, 河北師范大學學報 社科版(石家庄), 1988.1-6.

林尹, 「說文二徐異訓辨序」, 中國學報 2輯 1964. 12.

傳東華, 「略談『說文解字』段注的限界性」, 中國語文, 1961. 10. 11.

高明, 「許愼之六書說」, 中華學苑 十七期, 民國 65. 3.

江英, 「如何運用說文解字」, 國教月刊 29卷, 4期 民國 62. 6.

李孝定, 「從六書的觀點看甲骨文字」, 中國 南洋大學 學報, 第二期 1935.

丁邦新, 「中國文字與語言的關係」 清華學報 9:1~2, 1960. 9.

賴明德, 「從中國文字以探討古代的思想和制度」, 華文世界 32卷, 民國 73. 1.

高明, 「論中國文字與中國文學的關係」, 臺灣 孔孟月刊 18, 民國 69. 7.

謝淸俊 外, 「中文字根之分析」, 臺灣 科學發展 2卷 2期, 民國 63. 2.

江擧謙, 「中國文字與中國文學」, 東海文藝季刊8, 民國 72. 6.

李徹, 「說文部首研究」, 臺灣師範大學國文研究所 碩士論文, 民國 76.

徐永根, 「『說文』部首字의 誤謬 研究」, 濟州大學校 碩士論文, 2002.

金槿 「說文解字 部首의 字次와 그 意義」, 서울大學校 碩士論文, 1981.

著書

許愼, 『說文解字』(附檢字), 中華書局, 1963.

段玉裁, 『說文解字注』, 中國 上海古籍出版社, 1997.

王均, 『說文釋例』, 中華書局, 1987.

桂馥, 『說文解字義證』, 中華書局, 1987.

馬舒倫, 『說文解字研究法』, 香港太平書局, 1970. 3.

陸宗達 著, 金槿 譯, 『說文解字通論』, 韓國 啓明大學校出版部, 1994.

江擧謙,『說文解字綜合研究』, 臺灣東海大學, 民國 59.

臧克和,『說文解字的文化說解』, 中國湖北人民出版社, 1994. 12.

謝棟元, 劉方,『說文解字與中國古代文化』, 中國遼寧人民出版社, 2000.

余行達,『說文段注研究』, 中國巴蜀書社, 1999.

趙平安,『說文小篆研究』, 中國廣西教育, 1999.

康殷,『說文部首銓釋』, 中國國際文化出版公司, 1992. 1.

董蓮池,『說文部首形義通釋』, 中國東北師範大學出版社, 2000.

王峙淵,『說文研究』, 臺灣 瑞成書局, 民國 71. 7.

高明,『中國古文字學通論』, 中國北京大學出版社, 1996.

李敦柱,『漢字學總論』, 韓國博英社, 2000.

최영애,『漢字學講義』, 韓國 통나무, 1997.

阿辻哲次 著, 沈慶昊 譯,『漢字學 – 說文解字의 世界』, 以會文化社, 1996.

馬如森,『殷墟甲骨文引論』, 中國東北師范大學, 1993.

齊冲天,『書法文字學』, 中國北京語言文化大學, 1997.

秦文錦,『金文集聯』, 中國書店, 1998.

劉翔 外,『商周古文字讀本』, 中國語文出版社, 1996.

金應顯,『石鼓文』, 韓國東方硏書會, 1998.

李圃,『甲骨文文字學』, 中國學林出版社, 1997.

徐中舒 主編,『甲骨文字典』, 中國四川辭書出版社, 1998.

于省吾,『甲骨文字詁林』, 中華書局, 1996.

趙誠 編,『甲骨文簡明詞典』, 中華書局, 1998.

徐无聞 主編,『甲金篆隸大字典』, 中國四川辭書出版社, 1996.

高樹藩 編,『正中形音義綜合大字典』, 臺灣 正中書局, 民國 60.

胡光煒,『胡小石論文集三編』, 中國上海古籍出版社, 1996.

郭沫若,『卜辭通纂』, 中國科學出版社, 1983.

中國社會科學研究院考古研究所,『甲骨文編』, 中華書局, 1965.

黃伯榮, 廖序東 主編,『現代漢語』, 中國 高等教育出版社, 1993.

『漢語大詞典』, 中國 漢語大詞典出版社, 2000.

『標準篆刻篆書字典』, 一信書籍出版社, 1991.

서영근 ──────────────────────────────────

❚ 약력
원광대학교 서예학박사
현, 서정대학교 교수

❚ 주요논문 및 저서
「우리글 서예의 예술성을 논함」(1996)
「<說文> 부수자의 오류연구」(학위논문, 2002)
『이야기로 이해하는 실용한문』(저서, 2003)
『동화중국어』(저서, 2004)
「21세기 中國韓民族 서예발전사 고찰」(2007)
「中國朝鮮民族書風形成研究」(학위논문, 2007)
『대학중국어회화』(2008, 공저)
『中國朝鮮民族書藝史』(저서, 2008)
『中國朝鮮民族書藝와 藝術環境』(저서, 2008)

홈페이지: http://yueqing.ba.ro
이메일: yueqing@paran.com

說·文·解·字
部首形義考察

초판인쇄 | 2009년 6월 10일
초판발행 | 2009년 6월 10일

지은이 | 서영근
펴낸이 | 채종준
펴낸곳 | 한국학술정보㈜
주 소 | 경기도 파주시 교하읍 문발리 파주출판문화정보산업단지 513-5
전 화 | 031) 908-3181(대표)
팩 스 | 031) 908-3189
홈페이지 | http://www.kstudy.com
E-mail | 출판사업부 publish@kstudy.com

등 록 | 제일산-115호(2000. 6. 19)
가 격 | 20,000원

ISBN   978-89-268-0037-9 93720 (Paper Book)
       978-89-268-0038-6 98720 (e-Book)

내일을여는지식 ■ 은 시대와 시대의 지식을 이어 갑니다.

본 도서는 한국학술정보(주)와 저작자 간에 전송권 및 출판권 계약이 체결된 도서로서, 당사와의 계약에 의해 이 도서를 구매한 도서관은 대학(동일 캠퍼스) 내에서 정당한 이용권자(재적학생 및 교직원)에게 전송할 수 있는 권리를 보유하게 됩니다. 그러나 다른 지역으로의 전송과 정당한 이용권자 이외의 이용은 금지되어 있습니다.